中山大学人工智能与数字经济研究丛书

# 数据要素流通和交易模式

## 中山大学学者的理论探索

林建浩　陈斯维　等　著

经济管理出版社
ECONOMY & MANAGEMENT PUBLISHING HOUSE

**图书在版编目（CIP）数据**

数据要素流通和交易模式 ：中山大学学者的理论探索 / 林建浩等著. -- 北京 ：经济管理出版社，2025. 8. --（中山大学人工智能与数字经济研究丛书 / 林建浩，陈斯维主编）. -- ISBN 978-7-5243-0487-6

Ⅰ. F490-53

中国国家版本馆 CIP 数据核字第 2025DA1135 号

责任编辑：梁植睿
责任印制：张莉琼
责任校对：蔡晓臻

出版发行：经济管理出版社
（北京市海淀区北蜂窝 8 号中雅大厦 A 座 11 层　100038）
网　　址：www. E-mp. com. cn
电　　话：（010）51915602
印　　刷：北京飞帆印刷有限公司
经　　销：新华书店
开　　本：720mm×1000mm/16
印　　张：14. 25
字　　数：211 千字
版　　次：2025 年 8 月第 1 版　　2025 年 8 月第 1 次印刷
书　　号：ISBN 978-7-5243-0487-6
定　　价：88. 00 元

# 前　言

数字化浪潮正以前所未有的速度重塑着世界经济格局，数据要素作为这场变革的核心动力，正逐步改变着生产方式、生活形态和思维模式，引领人类社会向数字文明迈进。2020 年 4 月，中共中央、国务院首次将数据纳入生产要素范畴，标志着我国正式进入数据要素市场化改革的新阶段。数据要素的高效流通与价值释放，不仅是推动数字经济繁荣发展的核心动力，更是实现经济高质量发展的重要支撑。

回顾数据要素发展进程，我们可以清晰地看到一条逐步推进的轨迹。从 2020 年数据成为生产要素的里程碑事件，到 2022 年中共中央、国务院颁布"数据二十条"（即《关于构建数据基础制度更好发挥数据要素作用的意见》），再到 2023 年国家数据局的正式成立，中国数据要素市场化的顶层设计日益完善。2024 年更是被业界称为"数据要素元年"，一系列重大事件密集发生：年初，国家数据局等 17 个部门联合发布《"数据要素×"三年行动计划（2024—2026 年）》；5 月，首届"数据要素×"大赛启动，旨在促进数据供给和流通使用；9 月，中共中央办公厅、国务院办公厅印发《关于加快公共数据资源开发利用的意见》，首次在中央层面对公共数据资源开发利用进行系统部署；10 月，全国数据标准化技术委员会正式成立，标志着我国数据标准化建设进入新阶段；12 月，《关于促进企业数据资源开发利用的意见》发布，进一步激发企业数据资源价值。这一系列政策举措，勾勒出中国数据要素市场化的基本轨迹与发展动力。

作为身处粤港澳大湾区核心的高等学府，中山大学岭南学院始终紧跟国家战略，在数字经济研究领域积极探索，力求为数据要素市场化建设提供学术支撑与智力支持。2021 年 6 月，学院明确提出着力打造“数字经济与数据科学”交叉学科研究方向，服务于国家的重大战略需求。学院凝聚了一批在微观经济学理论、计量经济学、大数据分析等领域具有扎实功底的研究团队，致力于开展数据要素流通、交易和市场建设的理论与实践研究。

中山大学岭南学院率先在全国开设非全日制数字经济专业硕士项目，培养既精通经济学理论，又掌握数据科学工具的复合型人才。这一项目课程体系设计既注重理论基础，又强调实践能力，涵盖数据科学研究方法论与数据化转型和赋能等模块，形成了“学科交叉、产教融合”的人才培养特色。同时，学院积极推进粤港澳大湾区数字经济与数据科学实验室建设，这一平台聚焦数字经济前沿领域研究，已成为广东省数字经济政策研究与人才培养的重要基地。

在数据要素研究领域，我们的研究团队既关注基础理论构建，也注重实践应用探索。我们既从微观角度研究企业如何通过市场竞争进行主动数据管理，探讨数据要素的流通与交易机制，也从宏观视角考察数据要素对经济增长的贡献路径，分析数字经济发展的治理框架。这些研究不仅发表在国内外重要学术期刊中，也为政府部门提供了有价值的政策建议。

数据要素与传统生产要素有着本质区别。首先，数据要素具有“非竞争性”特征，即数据可以被多个主体同时使用而不会减少其价值。其次，数据要素具有鲜明的“关联性”，数据的价值往往依赖于与其他数据的整合分析。最后，数据要素还表现出显著的“场景依附性”，即同一数据在不同应用场景中可能产生截然不同的价值。这些独特性使数据要素的定价、交易和流通机制面临前所未有的理论和实践挑战。

本书正是在这一背景下应运而生。作为中山大学学者群体对数据要素理论的集体思考，本书聚焦数据要素的特性、流通机制及价值实现路径，试图从理论和实践两个维度深入剖析数据要素市场建设中的关键问题。本书通过九个篇章构建了一个完整的数据要素流通与交易链条的研究框架，从数据要素的获取、定价、资产化处理，到交易机制设计、流通平台治理、跨境监管、公共数据开放及新兴平台与算法市场，形成了一个从微观到宏观、从国内到国际、从理论到应用的逻辑体系。

第一篇从商品市场竞争视角探索数据获取路径，提出“通过商品市场竞争进行主动数据管理”的创新理论，揭示了企业如何通过战略性扩大短期供应收集消费者数据，从而获取长期信息优势的内生机制。这一理论不仅解释了数据积累的市场动力，也为企业制定数据战略提供了新思路。第二篇系统分析了大数据场景下数据要素的“5V”特征，推动数据定价从传统成本视角拓展到价值贡献视角，构建了经济理论与计算智能相结合的定价模型。这一研究有效应对了数据要素价值难以量化的挑战，为市场交易奠定了基础。第三篇聚焦数据资产的会计处理，深入分析了数据资产的概念、特征及价值评估方法，设计了数据“入表”的实践框架。随着《企业数据资源相关会计处理暂行规定》的实施，该篇研究为企业将数据资产纳入财务报表、提升信息披露透明度提供了重要指引。第四篇创新性地区分了关联型与共享型两类数据要素，分别设计了股权式拍卖和结合信息披露的“共享式”拍卖机制，解决了不同类型数据要素交易与优化配置的差异化需求，实现了数据价值的深度发掘与共享。第五篇构建了“制度—技术—生态”三位一体的流通平台治理框架，针对数据安全、隐私保护和公平竞争等多重目标，提出了多主体参与、动态调整的治理机制，为数据要素市场健康发展提供了制度保障。第六篇从全球视角梳理了数据要素跨境流通监管模式，归纳出数据自由主义、数据保护主义和数据发展主义三种典型路径，并基于中国国情提出了完善数据清单、明确监管部门、推进分级审查和加快国际合作等政策建议。第七篇针对公共数据开发利用不足的现实困境，借鉴国际经验，提出了统一公共数据开放目录、完善授权运营机制、优化授权模式流程和培育多元生态等对策，为激活公共数据资源潜力提供了系统解决方案。最后两篇着眼于新兴领域探索，第八篇深入分析了数据要素在平台经济中的多重作用及创新实践，第九篇则前瞻性地研究了算法市场的兴起、特征与挑战。这两篇研究共同展望了数据要素与算法高效流通对释放数字经济创新活力、推动实体经济数字化转型的重要意义，为未来研究与实践指明了方向。

时至今日，“数据增长、知识积累、算法发展、算力提升”已成为数字时代的主要特征。在这个背景下，中国的数据要素市场建设正处于关键阶段，既面临重要的发展机遇，也需应对数据安全、隐私保护等一系列问题。我们相信，只有坚持“安全与发展并重”的理念，才能在促进数据要素价值释放的同时，构建健康有序的数据要素市场。

期待本书的出版能够促进学术界与实务界对数据要素流通与交易机制的深入研究与探讨，为我国数字经济的高质量发展贡献智慧和力量。衷心祝愿各位读者能够从本书中获取有益的启示与思考，共同推动数据要素市场化改革向更深层次迈进。

林建浩　陈斯维

2025 年 5 月于康乐园

# 目　录

— 第一篇 —

# 数据要素的获取路径：基于商品市场竞争的视角

康俊卿

## 作者介绍

康俊卿，中山大学岭南学院金融学学士（2014）、经济学硕士（2016）、悉尼科技大学金融学博士（2020），现任中山大学岭南学院金融系副教授，金融系主任，硕士生导师。主持国家自然科学基金青年基金项目，目前已在《管理世界》、《管理科学学报》、*Journal of Financial Markets*、*Journal of Economic Dynamics and Control* 等期刊上发表学术论文，学术兼职包括《金融学季刊》编辑部编辑、*Digital Finance* 副主编、金融科技与大数据技术分会理事、广东经济学会理事等。

## 内容摘要

在数字经济背景下，企业通过商品市场竞争主动且策略性地生成与获取数据，日益深刻地影响着其运营决策与消费者福利表现。企业在主动管理数据过程中，其激励机制如何影响生产决策？而这一行为又如何进一步作用于消费者福利？本篇基于 He 等（2023）的研究，探讨寡头企业在商品市场中通过策略性供给获取消费者数据所带来的经济后果。为获取信息优势与市场支配力，企业可能选择在短期内扩大供给，以积累更多消费者数据，从而在长期内抑制潜在竞争者的进入。这一行为还会导致替代品之间在短期内表现出内生互补性。进一步地，企业间信息技术（IT）能力的差异显著影响了这一机制的运行。当技术差异过大时，具备更强 IT 能力的企业更可能通过数据获取来强化其市场支配力，挤压竞争对手，损害消费者福利；而适度的技术差异则能激励有效竞争，推动企业更精准地响应市场需求，从而带来更显著的消费者福利提升，相较于企业间技术水平虽高但趋于同质的情形更具优势。

# 一、通过商品市场竞争进行主动数据管理

过去十年，企业的信息技术（IT）资本投资大幅增长，这种趋势在广泛采用数字技术的企业之间表现得尤为明显；然而，这些大规模投资未必能在短期内带来较高的利润率（见图 1-1），由此引发了 Brynjolfsson 和 Hitt（1996）提出的“生产率悖论”①。与此同时，具备先进信息技术的企业越发重视消费者数据的获取。例如，科技巨头（如苹果、支付宝和微信）以及专注于支付服务的企业（如 PayPal 和 Venmo）正与传统银行竞争支付服务，并通过消费者的支付数据来评估消费者信用质量。在现实的经济和金融市场中，通过产品和服务竞争来获取数据的重要性日益凸显。

数字化转型正在推动一种基于“数据化”的新型经济，大大改变了数据的来源。在传统情况下，企业主要依赖从结构化来源收集的数据。然而，在当今的数字环境中，几乎每一次互动和交易都会留下可追踪的数字足迹。企业在运营过程中生成数据，而这一新兴的数据生成模式反过来也影响着企业

① 在信息化的浪潮中，如何正确评估和衡量信息技术的价值，一直是学术界和业界非常关注的课题。自 20 世纪 80 年代以来，信息技术对生产率以及企业绩效的贡献问题就受到了广泛的关注，并引发了有关“生产率悖论”（Productivity Paradox）的一系列探讨。一般认为，信息技术的商业价值是信息技术对组织绩效的影响，既包括对在某个组织内部过程层次的影响，也包括对整个组织的影响，而且这种影响既可以是对组织效率方面的影响，也可以是对组织竞争力方面的影响。同期的一些研究表明，尽管企业在信息技术上投入大量资金，但很少有统计数据能够证明其价值。诺贝尔奖获得者罗伯特·索洛（Robert Solow）总结为“你可以在任何地方见到计算机时代的来临，唯独在生产力统计数据中看不到”。这个观点被广泛地称为“生产率悖论”。此后，众多学者从各种层次上研究这个问题，包括国家层次、产业层次和企业层次。然而这些研究的结论却不一而足。信息技术的效果难以度量和量化，不同的数据集和研究方法的选用，这些可能都是造成研究结论出现差异的因素。除此之外，信息技术发展更新非常迅速，种类越来越多，功能越来越强大，企业的 IT 投资也已经从过往纯粹的“购买型”慢慢过渡成为“项目型”的系统实施，从而也使其对于企业绩效的影响变得更为复杂。

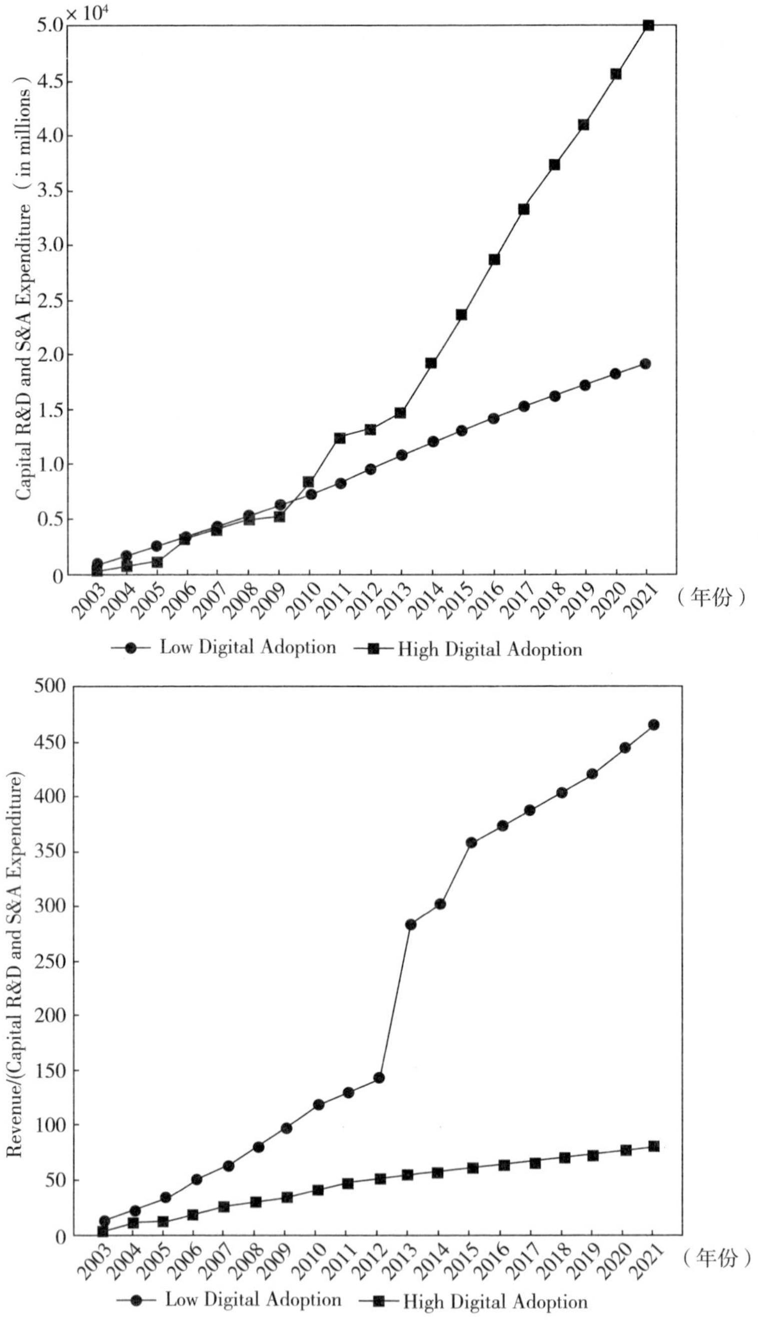


**图 1-1　IT 投资与企业收益**

的运营决策①。企业越来越多地依赖数据整理，以实时预测和监控可能影响其绩效的各种因素。由于数据整理在处理网络攻击和其他突发事件方面具有降低风险的潜力，数据要素市场正不断扩大。此外，随着网络攻击频率的上升，由于对数据的查找与恢复具有天然的优势，市场上对数据整理的需求日益增长。信息丢失与盗窃的风险加剧、自带设备（BYOD）趋势的普及以及业务移动性的提升，都是推动数据整理市场快速扩张的重要因素。数据整理行业将在边缘计算的发展中显著受益。然而，数据质量问题仍然限制着该市场的扩展能力。由于企业尚未充分做好从传统工具过渡到先进的自动化技术的准备，数据整理行业仍面临挑战。此外，中小企业对数据整理工具认知度的不足，也是该市场进一步扩张的重要障碍。

基于一个两期 Cournot 竞争模型，He 等（2023）讨论寡头垄断生产者们如何与两代消费者进行互动。分析的核心在于两代消费者之间的数据联系。一方面，当两代消费者的需求相关时，企业可以通过策略性地扩大短期供应，更准确地估计长期需求，从而阻止竞争对手进入市场。短期内收集的消费者数据有助于降低长期消费的不确定性，使企业能够更精准地预测需求并相应调整定价。另一方面，主动地进行数据收集不仅使企业获得更完整的信息，从而增强市场支配力，还可能帮助企业更精准地匹配消费者需求，优化供应决策。因此，主动的数据获取与管理既可能对消费者福利有正面影响，也可能带来负面效应。本篇旨在探讨主动数据获取是否会激励企业采用策略性供应策略并形成市场支配力，从而影响消费者福利。

① 截至 2024 年，数据整理市场的规模已达 34.1 亿美元，预计到 2029 年将增长至 57.5 亿美元，预测期内（2024~2029 年）的年均复合增长率为 11.02%。各种自动化技术的不断发展显著增强和优化了数据整理流程。预计在预测期内，行业将进一步开发更为复杂的人工智能解决方案，以支持数据整理和数据分析过程。随着大数据应用的快速增长，数据的数量与可靠性在多个行业垂直领域迅速提升，这促使企业采用更加复杂的分析算法，从庞杂的数据中提取可能彻底改变业务决策的深度洞察。同时，大数据的广泛应用也带来了大量非结构化数据，增加了数据处理的复杂性。数据整理通过提升信息的一致性，有助于获得元数据的统计洞察；而元数据一致性的提高，则进一步促进了自动化技术对数据的高效、准确审查，从而构建起更为可靠的数据基础。此外，数据清洗能够有效剔除建模过程中的噪声干扰，是构建高质量市场预测模型的关键预处理步骤。

通过短期供应收集的数字化信息可以帮助企业增强市场支配力。为了探讨市场支配力的产生渠道，本篇首先研究企业在长期进入市场的决策，假设它们在短期内已经积累了足够的数据（假设企业在短期内已经获得了数据）。企业只有在短期内能生产出相对较高的产量并积累足够的数据，以至于其长期利润能够弥补其进入成本时，才会进入市场。因此，当消费者的长期需求与其短期需求相关时，企业在短期内的高供应量可以帮助其创造信息优势，减少长期对消费者需求预测的不确定性，并可能驱逐竞争对手，从而获得市场支配力。因此，主动数据管理的市场支配力来自对长期消费不确定性预测能力的提升。更多的数据可以减少企业的预测误差，并提高其利润。这也有助于企业更好地预测消费者需求，并洞悉其他企业的生产决策。这意味着，更可靠的预测可能通过削弱其他企业的利润而产生负外部性。

为了更好地理解数据的来源，本篇回到企业在短期内的生产决策，研究一家企业如何最优地应对另一家企业供应扩张的策略制定机制。本篇提供了一个微观基础，解释了如何将一家企业作为经济活动副产品的消费者数据用于预测消费者需求，减少长期消费不确定性。有趣的是，为了在长期获得市场支配力，即使是替代品的短期供应也可能是互补的。当企业希望在长期内维持垄断地位时，这种内生的互补性就会出现。当竞争对手通过短期供应扩张获得更多信息时，一家企业会策略性地增加其短期供应，以获得额外的信息优势，从而挤出竞争对手，在长期内垄断市场。

显然，在短期主动进行数据获取中提取信息的能力以减少长期消费不确定性的行为，取决于企业的信息技术（IT）水平，特别是企业之间的技术差异，这反过来又影响消费者的福利。本篇发现，由于替代品的内生互补性，企业之间显著的IT差异可以产生市场支配力，挤出竞争对手并降低消费者福利，而适度的IT差异可以减少垄断，改善消费者福利。因此，当从双寡头经济转向垄断经济时，由于拥有更先进信息技术的企业具有足够市场支配力，消费者的福利将显著降低。因此，显著的IT差异可能对消费者有害，而适度的差异有利于消费者福利改善。

适度的技术差异带来的消费者福利改善，甚至相较于企业拥有较高但同质技术水平的情形更为显著。从直觉上看，企业间在信息技术的发展方面均衡且先进，似乎更有助于提升消费者福利，然而研究结果显示事实并非如此。总体而言，企业对消费者数据的收集可以增强市场支配力，从而损害消费者福利；与此同时，若企业能够更精准地依据市场需求调整产量，则会对消费者产生积极影响。技术优势促使企业通过扩大短期供给以获取更多信息。这种信息优势因其在减少长期竞争中的作用而变得更加宝贵，相较企业技术同质但整体水平较高的情形更为突出。在存在适度技术差异的情况下，技术领先企业在短期内会选择更积极地扩大供给，由此获取更大的信息优势。相较于技术同质的场景，这种信息优势显著增强。然而，由于技术差异并不极端，领先企业尚不足以在长期内形成垄断地位，这反而增强了市场的竞争动态。竞争的加剧推动企业更精准地根据市场需求调整供给，进而带来更大的消费者福利提升。

经济学家对可能因数据生产而产生的市场支配力感到担忧。近年来，一些反垄断案件凸显了企业获取大数据和在数字市场中维持竞争优势的问题。在欧洲，围绕数据驱动的市场支配力的担忧已促使政策制定者提出广泛的信息技术法规。随着数字化的兴起，市场支配力正在上升，并且在数字密集型行业中可能变得更加持久。本篇的分析表明，在主动实施数据获取与管理策略的过程中，企业之间的巨大信息技术差异可能导致市场支配力失衡，并损害消费者利益，而适度的差异有助于降低市场支配力，帮助企业更好地根据消费者需求调整供应，从而改善消费者福利。此外，企业之间的同质信息技术可能会消除市场支配力，但这也会降低企业主动获取数据的动机，降低企业的信息精度和利润，进而损害消费者福利。因此，企业之间适度的信息技术差异有助于构建一个更健康的企业和消费者经济。本篇的研究结果为围绕数据驱动的市场支配力问题提供了新的见解，并为市场监管提供了启示。

## 二、数据要素来源：商品市场竞争

基于 He 等（2023），本篇考虑一个由两个生产者（或企业）在两个时期（$t$=1，2）组成的经济体。每个时期都有一代消费者在区间（0，1）上连续均匀分布，他们消费企业生产的商品。经济的时间轴如图 1-2 所示。在第 1 期，两家企业（分别标记为 $i$ 和 $j$）做出生产决策，考虑其第 1 期（短期）供应 $q_m^{t=1}(m=i,\ j)$ 对第 2 期（长期）市场的影响，以满足消费者的需求。第 1 期的均衡产品（或服务）供应产生了原始的消费者数据 $\{q_i^{t=1},\ q_j^{t=1}\}$，这些数据在第 1 期末是可以被企业观察到的，并可以用于预测第 2 期的需求不确定性。在第 2 期之前，企业决定是支付进入成本 $C$ 留在市场，还是退出市场。第 2 期初，留在市场的企业处理原始数据，生成有用的信息 $\tilde{s}_m(m=i,\ j)$。然后，企业基于其汇总信息做出最佳生产决策。最后，产品市场出清，消费者购买商品并消费，企业获得利润。接下来，本篇详细描述产品市场和从供应数据中提取信息的过程，然后引入理性预期均衡概念。

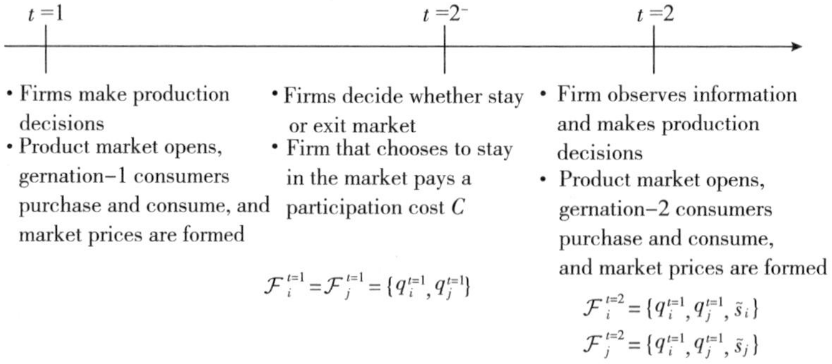


**图 1-2　经济的时间轴**

资料来源：参见 He 等（2023）。

### （一）消费者和产品需求

对于两代消费者，用 $k^t$ 表示第 $t$ 代的消费者 $k$（对于 $t=1$，2）。本篇用 $U_k^{t=1}$ 和 $U_k^{t=2}$ 分别表示消费者 $k$ 在短期（第 1 期）和长期（第 2 期）的效用。消费者通过消费企业生产的产品获得如下形式的拟线性效用：

$$U_k^t=\tilde{\eta}_k^t x_k^t-\frac{(x_k^t)^2}{2}-p^t x_k^t \tag{1-1}$$

其中，$x_k^t$ 和 $p^t$ 分别表示消费者 $k$ 在第 $t$ 期消费的数量和产品的价格，$\tilde{\eta}_k^t$ 表示偏好冲击，类似于 Easley 等（2018）的模型。在短期（第 1 期），消费者 $k$ 的效用包含了一个异质性的成分 $\tilde{\varepsilon}_k^{t=1}$，通过偏好冲击来体现：

$$\tilde{\eta}_k^{t=1}=\bar{\mu}+\tilde{\varepsilon}_k^{t=1} \tag{1-2}$$

在长期（第 2 期），消费者的效用有一个额外的聚合成分 $\tilde{\theta}$，并通过偏好冲击来体现：

$$\tilde{\eta}_k^{t=2}=\bar{\mu}+\tilde{\theta}+\tilde{\varepsilon}_k^{t=2} \tag{1-3}$$

其中，$\tilde{\varepsilon}_k^t\sim N(0,\ \tau_\varepsilon^{-1})$ 且 $\tilde{\theta}\sim N(0,\ \tau_\theta^{-1})$，且正参数 $\bar{\mu}$，$\tau_\varepsilon$，$\tau_\theta$ 是已知的。类似设置也可以在 Vives（1984）和 Easley 等（2018）的模型中得到。本篇还假设 $\{\tilde{\theta},\ \tilde{\varepsilon}_k^t\}$（$t=1$，2）在不同期之间是相互独立的。消费者在做出购买决策时知道其偏好冲击。此外，在上述偏好设定中，本篇还假设两家企业的产品是完全替代品，每个消费者通过将产品价格作为已知变量来最大化其效用。求解消费者的效用最大化问题，得出以下反需求函数：

$$p^t=\int_0^1\tilde{\eta}_k^t dk-\int_0^1 x_k^t dk \quad t=1,\ 2 \tag{1-4}$$

这表明长期（第 2 期）存在需求不确定性 $\tilde{\theta}$，并通过偏好冲击式（1-3）中的聚合成分来进行传递。

### （二）从原始数据到处理后的信息：数据的收集和使用

大多数关于大数据的讨论都集中在特定类型的数字化信息上：企业通过

这些数据优化其业务流程，准确预测未来的结果。数据的一个核心特征是其社会性，这意味着从个体用户中捕获的数据不仅对该个体有信息价值，而且对具有类似特征或行为的其他人也具有信息价值。更重要的是，其他个体的数据也可以对特定个体有信息价值。因此，这些个体数据成为社会数据。数据经济学的兴起是由于机器学习和人工智能等数据技术的突破。这些算法有助于预测。通过使用人工智能技术和详细的消费者数据进行预测，可以提高企业针对消费者提供产品的能力，从而潜在地提高整体社会福利。

具体地说，假设企业 $i$ 拥有大量的消费者原始数据。为了体现该企业数据规模“庞大”的概念，本篇假设整个数据集依赖于企业在短期内的供应量，并设企业 $i$ 的供应量 $q_i^{t=1}$ 可以被近似视为连续变量。每个数据点 $k \in [0, H_i q_i^{t=1}]$ 是关于资产基本面的信号，其形式如下：

$$\tilde{\delta}_k = \tilde{\theta} + \tilde{e}_k \tag{1-5}$$

其中，$(\tilde{\theta}, \{\tilde{e}_k\})$ 相互独立，并且 $\tilde{e}_k$ 服从实轴上的均匀分布［即 $\tilde{e}_k \sim N(0, \infty)$］。这种零精度假设反映了数据的“原始”特性：未经处理的每个数据点对于预测基本面来说是无用的。参数 $H_i$ 反映了企业 $i$ 收集数据的能力，较高的 $H_i$ 表明企业在从数据中提取信息方面更为熟练。

掌握信息技术的企业可以从原始数据中提取有效信息以指导其生产决策。本篇将此信息提取问题建模为企业从原始数据中消除噪声 $\tilde{e}_k$ 的过程。具体来说，熟练的企业 $i$ 可以生成关于 $\tilde{e}_k$ 的噪声信号 $\tilde{f}_{k,i}$：

$$\tilde{f}_{k,i} = \tilde{e}_k + \tilde{z}_{k,i}, \quad \tilde{z}_{k,i} \sim N\left(0, \frac{1}{AT_i}\right) \tag{1-6}$$

其中，参数 $A>0$ 用于测度解码原始数据的难易程度，这取决于数据来源和法规。较高的 $A$ 值意味着解码更容易。参数 $T_i>0$ 代表企业 $i$ 在解码原始数据方面的技能水平，较高的 $T_i$ 值表明企业在从原始数据中提取基本信息方面更为熟练。为此，本篇注意到将原始数据点 $\tilde{\delta}_k$ 和噪声净化信号 $\tilde{f}_{k,i}$ 结合起来可以得到等效于以下预测基本面 $\tilde{\theta}$ 的信号：

$$\tilde{s}_{k,i} \equiv \tilde{\delta}_k - E(\tilde{e}_k \mid \tilde{f}_{k,i}) = \tilde{\theta} - \tilde{z}_{k,i} \tag{1-7}$$

注意，当 $T_i = 0$ 时（即企业 $i$ 不能熟练掌握数据处理技术时），$\tilde{z}_{k,i} \sim N(0, \infty)$，因此 $\tilde{s}_{k,i}$ 对预测未来需求毫无用处。当企业 $i$ 收集到 $M_i$ 个数据点 $\tilde{\delta}_1$，$\tilde{\delta}_{M_i}$ 时，企业 $i$ 处理每个数据点以获得形式为 $\tilde{s}_{k,i}$ 的信号，最终得到所收集数据的充分统计量：

$$\tilde{s}_i \equiv \frac{1}{M_i}\sum_{k=1}^{M_i} \tilde{s}_{k,i} = \tilde{\theta} + \tilde{\varepsilon}_i \tag{1-8}$$

其中，

$$\tilde{\varepsilon}_i = \frac{1}{M_i}\sum_{k=1}^{M_i} \tilde{z}_{k,i} \sim N\left(0, \frac{1}{AM_iT_i}\right)$$

使用离散数值的 $M_i$ 会使分析变得相当复杂，且几乎不会增加经济洞察力。因此，本篇参照文献（Huang et al.，2022）并考虑拟连续极限。也就是说，定义 $AM_i \equiv q_i^{t=1} H_i$ 并考虑 $A \to 0$ 的极限。在此设置下，本篇有：

$$\tilde{\varepsilon}_i \sim N\left(0, \frac{1}{q_i^{t=1}K_i}\right) = N(0, \tau_i^{-1}) \qquad \tau_i = q_i^{t=1}K_i \tag{1-9}$$

其中，$K_i \equiv H_iT_i$ 表示企业 $i$ 在数据收集和使用方面的综合信息技术水平。总而言之，尽管原始数据和信息是不同的经济概念，但在统计意义上，它们都可以被视为关于基本面的信号。尽管企业 $i$ 的原始数据的精度是外生给定的，但处理后信息的精度 $\tau_i$ 是由数据样本量 $q_i^{t=1}$ 和企业的技能水平 $K_i$ 内生决定的。特别地，企业可以通过出售更少或更多的产品来降低或提高处理后信息的精度。

### （三）供应与进入决策

为了创造信息优势，企业在第一期策略性地扩大供应，以积累消费者数据。为此，首先研究企业在第 2 期的决策，假设其在第 1 期的供应已知。

**第 2 期产品供应。**企业 $i$ 和 $j$ 在两个时期内进行生产。在每个时期，企业根据自身的信息最大化预期利润，从而确定其在产品市场中的最佳供应量。

为了简化分析，本篇假设企业的生产成本为零。本篇首先考虑第 2 期的产品市场，然后再回到第 1 期产品市场的描述。第 1 期产品市场出清后，短期内的均衡生产为两家企业提供了未来消费者需求的信息。企业通过其当前服务的客户来获取有关未来消费者需求的信息。在第 2 期，企业必须支付固定成本 $C$ 才能参与第 2 期的生产。设 $\mathcal{F}_m$ 表示企业 $m$ 的信息集（对于 $m=i$，$j$），则企业在第 2 期的生产数量由以下公式确定：

$$\max_{q_m^{t=2}} \mathbb{E}[p^{t=2}q_m^{t=2}-C\times\mathbf{1}_{\{e_m=1\}} \mid \mathcal{F}_m] \qquad m=i,j$$

$$q_i^{t=2}\mathbf{1}_{\{e_i=1\}}+q_j^{t=2}\mathbf{1}_{\{e_j=1\}}=\int_0^1 x_k^{t=2}dk \tag{1-10}$$

其中，$p^{t=2}$ 由反需求函数（1-4）给出，$e_m\in\{0,1\}$ 表示企业 $m$ 在长期内是否进入市场（$e_m=1$ 表示进入，$e_m=0$ 表示退出）。市场出清条件式（1-10）表明，两家企业的产品是完全替代品。因此，当另一家企业决定不参与第 2 期产品市场时，企业将作为垄断者做出生产决策；否则，企业将在第 2 期产品市场中作为双寡头进行竞争。

**第 1 期产品供应与均衡。**在做出第 1 期生产决策时，企业还没有任何信息。由于数据实现和企业进入决策在这个事前阶段是未知的，企业选择生产数量以最大化其在两个时期的无条件累计预期利润，此时将只考虑消费者的需求函数以及其竞争对手的生产数量。然而，在做出生产决策时，企业还需要考虑其第 1 期生产决策对第 2 期利润通过信息渠道的影响。因此，企业的优化问题可以总结如下：

$$\max_{q_m^{t=1}}\{p^{t=1}q_m^{t=1}+\mathbb{E}[p^{t=2}q_m^{t=2}(q_m^{t=1})-C\times 1_{\{e_m=1\}}]\} \qquad m=i,\ j$$

$$q_i^{t=1}+q_i^{t=1}=\int_0^1 x_k^{t=1}dk \tag{1-11}$$

其中，$p^{t=1}$ 由反需求函数式（1-4）给出。市场出清条件式（1-11）表明，两家企业的产品是完全替代品。基于上述讨论，本篇引入以下市场均衡的概念：

**均衡定义。**市场均衡包括第 1 期生产策略$\{q_i^{t=1}, q_j^{t=1}\}$、第 2 期进入决策

$\{e_i, e_j\}$和第2期生产策略$\{q_i^{t=2}, q_j^{t=2}\}$，使：

（1）每个企业在第1期选择生产策略$\{q_i^{t=1}, q_j^{t=1}\}$，假设其他企业的选择是已知的，目标是最大化式（1-11）给出的无条件期望效用；

（2）给定第1期的均衡生产策略$\{q_i^{t=1}, q_j^{t=1}\}$，企业做出最优的进入决策$\{e_i, e_j\}$形成纳什均衡；

（3）给定第1期的均衡生产策略$\{q_i^{t=1}, q_j^{t=1}\}$和第2期的进入决策$\{e_i, e_j\}$，在观察到已实现的数据后，企业根据贝叶斯法则更新其信念，然后选择第2期供应量$\{q_i^{t=2}, q_j^{t=2}\}$以最大化式（1-10）给出的条件期望效用，此时假定其他企业的选择是已知的；

（4）各期的市场价格根据反需求函数式（1-4）出清。

在上述定义的基础上，下一部分将讨论商品市场竞争与数据要素获取对企业运营决策的影响。具体的均衡推导请见 He 等（2023），本篇在此仅关注均衡性质。

## 三、短期供应的内生互补性

为了更好地理解数据的来源，本篇回到企业在短期内的供应决策，研究企业如何最优地应对竞争对手供应扩张的策略。这种短期的商品市场竞争非常常见，如滴滴与优步在中国打车市场的纷争等。本篇所考虑的企业是策略性的，即这些企业会考虑其短期供应对长期利润的影响（通过长期进入决策和长期供应）。给定企业$j$的短期生产决策$q_j^{t=1}$，本篇分析企业$i$的最优生产决策应对$q_i^{t=1,*}(q_j^{t=1})$。

### （一）互补性的条件

本部分探讨当企业之间存在通过数据管理和信息技术的差异时，短期供应决策会内生地表现出互补性。首先，企业的短期供应决策不仅影响当期利润，还通过影响企业在长期的市场地位而影响其未来的收益。具体来说，当企业 $i$ 在第 1 期增加供应量 $q_i^{t=1}$ 时，除了直接的销售收益外，还可能通过积累更多的消费者数据来减少未来的需求不确定性。减少的不确定性将反映在企业对第 2 期需求的更准确预测中，从而在长期中取得竞争优势。然而，企业 $j$ 也面临类似的动机。因此，当企业 $j$ 预期企业 $i$ 将通过扩大供应来提高其长期市场地位时，企业 $j$ 也可能选择扩大供应，以避免被排挤出市场。结果是，尽管两家企业的产品是替代品，但在短期内，它们的供应行为会内生地表现出互补性。这种互补性表现在，如果企业 $j$ 增加其短期供应量 $q_j^{t=1}$，企业 $i$ 为了保持其长期市场地位，可能也需要增加供应量 $q_i^{t=1}$。通过这种方式，尽管它们在产品市场上是直接的竞争对手，但两家企业在短期内的供应决策会表现出互补性。

但是这种提升短期供给量的动机取决于企业的信息技术水平。在长期存在固定进入成本的情况下，企业有动机策略性地增加其短期供应以获取信息优势，从而获得市场支配力，使其能够垄断市场并获得显著利润。对于信息优势足够高（由于竞争对手 $j$ 的供应相对较低）的情况，由于企业 $i$ 垄断市场的成本相对较低，此时企业 $i$ 愿意牺牲短期收益以换取通过市场垄断提高的长期收益。相反，当企业 $i$ 的相对信息优势较低（由于企业 $j$ 的供应相对较高）时，企业 $i$ 会维持其最佳短期供应水平。否则，要垄断市场，企业 $i$ 需要显著扩大其短期供应。这反过来又会导致较高的短期成本，而这些成本无法通过长期利润的增加来弥补，从而导致企业 $i$ 的总利润较低。

### （二）信息技术差异对短期供应互补性以及长期消费者福利的影响

两家企业的产品是完全替代的，在没有主动数据管理意图的情况下，两家企业的供应应当是相互替代的。然而，即使对于替代品，企业的最佳供应也可能是互补的。这种互补性出现在企业希望在长期内保持垄断地位的情况下。假设企业 $j$ 提高了其第 1 期供应量，此时，企业 $i$ 可以选择保持原有供应量或增加供应量，以保留其在长期市场中的竞争力。如果企业 $i$ 保持不变，那么企业 $j$ 可能会因为获得更多数据，从而更好地预测第 2 期的需求，并在长期市场中占据更大的市场份额。因此，企业 $i$ 可能选择增加供应，以获得更多数据并维持其长期市场地位。这种内生互补性意味着，在第 1 期，企业为了获取数据优势而可能愿意牺牲一些短期利润，以确保在长期市场中的主导地位。这种行为可能导致短期内的激烈竞争，但有助于在长期内确立市场支配力。

假设企业 $i$ 拥有比企业 $j$ 更先进的数据处理技术，意味着企业 $i$ 在相同的供应量下能够更有效地利用消费者数据。这将进一步增强企业 $i$ 的信息优势，从而使其在长期市场中占据更有利的地位。在这种情况下，即使企业 $j$ 试图通过增加供应量来获取更多数据，企业 $i$ 也可以通过其先进的技术保持市场优势。这使企业 $i$ 在短期供应决策上具有更大的弹性，而企业 $j$ 可能需要更大幅的供应扩张才能与企业 $i$ 竞争。因此，信息技术的差异既有可能放大也有可能削弱短期供应的互补性。当技术差异较小时，两家企业可能会陷入激烈的短期供应竞争，表现出明显的互补性。而当技术差异较大时，拥有技术优势的企业可能会主导市场，使短期供应的互补性不再显著。整体而言，当企业间 IT 能力差异显著时，高 IT 水平企业可能通过主动获取数据来强化市场支配力，挤压竞争对手，并降低消费者福利。然而，适度的 IT 水平差异反而可能激励竞争，提高消费者福利，即便相较于双方均具备较高但同质的 IT 水平时，竞争效果仍更为显著。

## 四、结语

本篇基于 He 等（2023）的理论模型，从商品市场竞争的角度出发，深入探讨了企业如何通过策略性扩张短期供给以获取消费者数据，并借此在长期建立市场支配地位的机制。研究发现，数据不再只是被动收集的资源，而是企业通过生产和竞争主动创造并利用的关键要素。企业间的信息技术差异深刻地影响着这一过程：显著的技术差距使强势企业更容易形成信息优势和垄断地位，压制竞争对手，进而损害消费者福利；适度的技术差异反而激励了更激烈的市场竞争，提高了产品供给对需求的匹配程度，从而改善消费者福利。值得强调的是，这种由数据获取行为所引发的内生互补性，需要重新审视传统的“产品替代—竞争加剧”的逻辑。

这一理论探索具有重要的现实意义。在数字经济加速发展的背景下，数据正日益成为核心生产要素。现实中，例如，互联网平台、移动支付、共享出行等领域的头部企业，正是通过大量用户在交互中产生的数据，形成了算法优化与个性化供给的竞争优势。例如，滴滴、淘宝、微信等平台均凭借其强大的数据收集与处理能力，在早期阶段通过补贴扩大市场份额、收集用户数据，继而在成熟阶段转化为市场支配力。这些案例与模型中的企业通过短期供给扩张来获取数据进而影响长期市场结构的机制高度一致。

同时，本篇的研究为当前的监管实践提供了政策启示。一方面，监管机构在面对平台企业利用数据优势形成排他性竞争行为时，需要识别其是否通过“数据—技术—供给”之间的联动机制形成了不对称竞争格局；另一方面，完全同质的技术结构未必最优，因为这会削弱企业获取和利用数据的激励，导致信息价值与社会福利的损失。因此，如何在“鼓励创新”与“维护公平竞争”之间找到平衡，成为数据要素治理中的核心命题①。

总之，在数字化、智能化浪潮下，企业围绕数据展开的竞争行为将深刻

① 此外，随着数据交易平台、数据资产确权机制和隐私保护法规的不断推进，企业通过市场行为主动获取数据的路径也在逐渐走向正规化和制度化。未来的研究可以进一步探讨这些制度变量如何影响企业数据收集行为与市场结构演化，以及在多企业、多期博弈的复杂环境中，数据驱动竞争格局如何演进。这不仅对完善数据要素市场的运行机制具有理论价值，也为制定兼顾效率与公平的监管政策提供现实支撑。

重塑市场结构与福利格局。本篇通过理论模型揭示了数据获取、技术差异与市场支配力之间的微妙关系，为理解数据要素经济中的竞争机制提供了重要的理论基础和政策启发。

— 第二篇 —

# 大数据场景下的数据要素定价

刘晓彬

## 作者介绍

刘晓彬，中山大学岭南学院“百人计划”副教授、博士生导师，计量经济与数据科学教研室副主任，兼任中山大学数字经济与政策研究院研究员、浙江大学金融研究院研究员、广东经济学会理事。主要研究方向为计量经济学（侧重大数据，包括贝叶斯计量、金融计量、理论计量等）、实证资产定价以及宏观金融。研究成果发表于《经济研究》、《金融研究》、*Review of Economics and Statistics*、*Journal of Econometrics*、*Journal of Business & Economic Statistics* 等国内外学术刊物。

## 内容提要

本篇对大数据场景下数据要素的特征进行了回顾，梳理了其“5V”特征，包括 Volume（数据量大）、Velocity（速度快）、Variety（种类繁多）、Value（价值性）和 Veracity（真实性）。本篇总结了数据要素商品的特征及其与传统商品和普通信息商品的区别和共性。在大数据场景下，数据要素的定价策略需要考虑其“5V”特征和独特的商品属性。现有文献将数据要素定价模型分为两大类：基于经济理论的方法和基于计算机算法的方法。此外，还有结合经济理论与计算智能的方法，如基于智能合约的反勾结拍卖机制和基于夏普利值的数据价值评估。

本篇最后提出完善大数据场景下数据要素定价的对策建议，包括完善数据要素确权机制、制定数据要素定价标准、促进数据要素交易市场的发展以及做好数据要素的隐私保护。

# 一、大数据场景下的数据要素特征分析

Laney 在 2001 年发表的题为 *3-D Data Management：Controlling Data Volume，Velocity，and Variety* 的文章中提到大数据具有 Volume（数据量大）、Velocity（速度快）和 Variety（种类繁多）的“3V”特征。随着时间的推移，人们逐渐认识到大数据的其他重要特征。目前研究者和国际公司普遍认为大数据具有 Value（价值性），IBM 提出大数据必然具有 Veracity（真实性），综合形成了现在广为人知的“5V”特征。大数据场景下的数据要素自然也继承了“5V”特征，具体表现如下：

## （一）大数据场景下数据要素的 Volume（数据量大）特征

“大”是大数据场景下的数据要素的根本特征。这个“大”究竟有多大？2015 年，《关于促进大数据发展的行动纲要》发布时，时任国家信息中心信息化研究部副主任单志广在答网友问时提道：大数据的量很大，某种程度上达到 PB 级才是大数据，但是有时候几百 T 也是大数据。2024 年，全国数据资源调查工作组发布的《全国数据资源调查报告（2023 年）》显示：2023 年，全国数据生产总量已经达 32.85 ZB（泽字节），同比增长 22.44%。一台家用计算机的存储容量一般为 1TB（太字节）。从 ZB 换算至 TB 需要经过 PB、EB，即 1PB=1024TB，1EB（艾字节）= 1024PB，1ZB=1024EB。也就是说 2023 年全国产生的数据总量可以装满 10 亿台家用计算机，是名副其实的“大数据”。大数据虽大，但如果我们提取其中可转化为数据要素的数据，规模会减少几个数量级。截至 2023 年，我国累计数据存储总量为 1.73 ZB，假设存储下来的数据均可转化为要素，这一数字依然很可观。大量的数据要素不仅带来了前所未有的数据处理和存储挑战，也为数据价值的挖掘和应用提供了广阔的空间。通过先进的技术和工具，企业和组织可以充分利用海量数据，获取有价值的洞察，推动业务和社会的进步。

### （二）大数据场景下数据要素的 Velocity（速度快）特征

“快”是大数据场景下的数据要素的最大优点。数据要素生成速度快。社交媒体上，一次观看、一次浏览、一次点赞、一次收藏就能生成一份数据要素；金融交易中，一秒内有大量的买入和卖出的报单和成交，瞬间就生成了高频数据要素；物联网中，人机交互、机器与环境交互也会实时生成数据要素。这样的例子还出现在电子商务、气象预报、通信网络等多个领域。为了及时处理这些快速生成的数据，数据要素处理速度也需匹配。数据要素具有一定时效性，部分基于数据要素的应用是实时的，随着时间推移，使用数据要素的边际收益会快速递减。由于数据是实时生成，想要及时捕捉数据要素，则需要程序 24 小时不间断地工作。为了解决这一难题，云计算应运而生，成为大数据的基础平台和支撑技术（孟小峰和慈祥，2013）。得益于分布式计算的优点，云计算可以对数据进行流处理，显著提升海量数据处理效率。同时利用分布式存储，云存储的容量和可靠性大幅提高。云计算最终可以为用户提供实时数据库、数据湖和数据仓库等多种数据要素存储的方式，便于后续的读取与利用。截至 2023 年，基于《全国数据资源调查报告（2023 年）》，我国的数据存储空间利用率为 59%，其中政府和行业重点企业存储空间利用率均达 70%左右。在上述存储数据中，数据云存储占比超过 40%。最后，数据要素传输也很快。数据要素不像传统的土地、资本、劳动要素受到地理因素或自然因素在时间和空间上的制约，仅需轻点鼠标，不出几分钟对方就能收到发出的数据；仅需一根光缆，海量的数据即可远渡重洋流动到目的地。高速的传输速度让数据要素的实时生成后的实时处理与分析成为可能。在法律允许的情况下，数据要素是真正符合经济学假设中“完全自由流动”的要素。

### （三）大数据场景下数据要素的 Variety（种类繁多）特征

“多样化”是大数据场景下数据要素的显著特征。数据要素的多样不仅表现为数据格式的复杂性，还体现在数据来源的广泛性和数据类型的丰富性。文本数据是最常见的数据要素之一，包括新闻文章、社交媒体帖子、电子邮件等。处理文本数据需要自然语言处理（NLP）技术，如分词、情感分析、主题建模。图像数据包括照片、视频等。日常生活中的人脸识别、医学中的影像分析，以及近年来备受关注的自动驾驶都需要图像数据以及计算机视觉技术的支持。此外，最普遍的数值数据可以是 GDP 这种宏观数据，也可以是企业中的财务数据，或个人的日常消费这类“小数字”。数据要素格式的多样根植于来源的多样。来自微信、微博等社交媒体的大数据以文本、图片和视频为主；来自物联网的大数据则涵盖环境监测、健康管理、智能家居等领域；随着企业数字化转型，如客户管理系统、供应链管理系统等也产生大量业务数据。而在我国，近些年逐步推进的公共数据也逐渐成为数据要素的重要组成部分。公共数据包含人口统计、交通流量、气象数据等开放数据，以及地理位置、医疗记录等敏感信息。如何在保障安全的前提下，供得出、流得动、用得好公共数据是公共数据要素化的关键。

从数据要素的结构来看，数据要素还能分为结构化、半结构化和非结构化三类。结构化数据是指那些具有固定格式和预定义模式的数据，它们通常以表格或者数据库的形式存储；半结构化数据是指那些具有一定结构，但不完全遵循传统数据库模式的数据，如电子邮件、日志等；非结构化数据是指那些没有固定结构和模式的数据，如文本、图像、音频和视频。数据要素的非结构化是大数据场景下的重要趋势之一。如何分析和应用非结构化数据带来了前所未有的挑战和机遇。

### （四）大数据场景下数据要素的 Value（价值性）特征

价值是大数据场景下数据被称为要素的根本所在，也是数据要素定价的基石。数据要素的价值根植于数据的大量、快速和多样性等特征。大量的数据使分析者可以使用同一套数据对多个问题进行分析和研究，并进行全方位的考察。随着数据量的增多，不确定性和误差也会下降，从而有助于避免得出有偏的结论，减少合成谬误。数据要素的快速生成和快速分析可以使其被实时投入运用。典型的例子就是各类软件的推荐算法。软件会根据用户上一步的行为更新用户偏好，实现动态的精准推送。在自动驾驶中，系统需要对外界环境进行实时反应，以避免发生意外。数据要素的多样性使各行各业都可以利用数据要素提高生产力。社交平台可以分析文本、图片、视频，从中提取用户的情感、行为和社交关系，为市场分析、舆情监控等提供了丰富的素材。企业数字化系统记录了企业的运营状况、客户行为、市场趋势等。这些数据为企业管理和决策提供了重要依据。公共数据则包含交通、气象、经济宏观指标等多个方面。通过分析这些数据，政府可以优化城市规划和公共安全管理，更准确地进行经济政策决策。

数据的价值密度较低，其蕴含的价值是需要被挖掘的。大数据具有混杂性，其数据量大、来源众多、格式复杂，需要通过数据挖掘才能将大数据转化为数据要素。依靠分类、聚类、关联规则挖掘、回归分析等多种方法，数据挖掘技术可在自动化或半自动化程序的辅助下，从大量数据中提取有价值的信息和模式。数据挖掘是一个“沙里淘金”的过程，为数据要素化带来了不小的挑战。根据《全国数据资源调查报告（2023 年）》，2023 年全国产生的 32.85ZB 数据中，只有 0.95ZB 被存储下来，全国数据存储转化率仅为 2.9%，这意味着海量数据在源头便被直接舍弃。在开展数字化转型的大企业中，实现数据复用增值的不足 8.3%，表明数据价值挖掘任重道远。

### （五）大数据场景下数据要素的 Veracity（真实性）特征

真实性是数据要素价值的根本保障。真实性要求数据要素具备准确性、完整性、一致性和可靠性，它直接影响数据要素应用的可信度和应用效果。大数据来源复杂多样，其中可能包含虚假信息、误导性信息或噪声数据。这些偏误无法通过大数定律自动消除。若虚假信息通过多种渠道传播扩散，大数据场景反而会放大误差，导致整体数据要素失真。因此，必须建立数据真实性治理机制。在清洗、转换、存储和分析等环节均可能引入新问题，如数据丢失、变形或重复，进一步削弱数据要素的真实性。为此需建立起一套完善的数据处理流程，规范数据清洗方法，加强事后数据验证，并对数据要素实行质量管理。综合运用上述方法，方能确保数据要素的真实性。

## 二、数据要素商品的特征

数据要素商品属于信息商品的一种，但是又具有自身的特点。本部分首先回顾信息商品与传统商品的区别，接着介绍数据要素商品的独有特征。

### （一）信息商品与传统商品

信息商品与传统商品相比，有一些不同的特征。第一，非竞争性，即一个客户消费信息商品的行为不会减少其他客户可用的数量或质量。为了制定针对零边际成本、非竞争性信息商品的合理定价结构，信息商品的卖家常采用捆绑销售的方式，即以统一价格打包多种商品进行出售。由于信息商品的边际成本低，捆绑销售不会显著增加成本，从经济学角度来看，将数千种信息商品打包以满足消费者的多元化偏好，不失为最佳选择。例如，许多流行的音乐或视频软件都会采用会员订阅制而非单品买断的形式进行付费。零边际成本和非竞争特性存在不少优点。比如，许多信息商品被公开发布，如个人开发者在 GitHub 上发布开源软件，既展示了他们的专业技能，也有助于吸引潜在雇主的关注，同时公司支持这些开源项目，以补充其销售策略。然而，零边际成本和非竞争性也给版权政策和执行带来了挑战。例如，Williams（2013）发现，知识产权保护会对后续创新产生负面影响。此外，一些开放数据政策可能会导致数据泄露和隐私风险，零边际成本与非竞争性也为垃圾邮件和网络犯罪提供了温床。

第二，传输成本几乎为零。这意味着在许多交易场景中，信息商品的采用和消费可能不会受到本地社区的影响，这种现象通常被称为“平坦世界”效应（Friedman，2005）。例如，20 世纪八九十年代，中国香港地区的影视作品和音乐在世界许多国家风靡。然而，情况并非总是如此，Gandal（2006）、Ferreira 和 Waldfogel（2013）的研究表明，在音乐和内容消费方面，人们的偏好仍然可能具有本地化特征。尽管物理传输成本接近于零，但不同国家的法律法规可能对信息商品的地域传播施加复杂的限制。例如，版权政策会影响不同地区对信息商品的可获得性和消费情况，比如，新闻媒体和互联网服务等，如 OpenAI 发布的 ChatGPT 在一些国家和地区存在使用限制。此外，版权政策的差异也常常通过价格表现出来。

第三，能够以相对较低的成本跟踪用户。低成本跟踪不仅推动了个性化市场的广泛发展，还使价格歧视成为可能（Odlyzko，2003；Fudenberg and Villas-Boas，2012）。其中，行为价格歧视是一种即时的形式，通过消费者的过往行为来定价。这产生了一些后果：其一，低成本跟踪的优势促进了个性化广告业务的快速增长，例如，如今许多短视频、音乐软件、购物平台都会基于用户的消费历史进行个性化推荐，甚至可能导致信息茧房效应。其二，低成本跟踪和由此产生的价格歧视现象，使隐私是否应被视为商品以及如何为隐私定价等问题备受关注（Fleischer and Lyu，2012；Niu et al.，2018）。

其三，低成本跟踪还降低了对信息商品生产者和用户的身份和声誉验证成本，这一优势大大促进了在线交易，并显著降低了依赖信任的交易成本，如线上二手市场的信誉制度与线上租赁市场的高信誉免押金制度等。

### （二）数据要素商品与信息商品

与信息商品相比，数据要素商品有自身的独特特征。第一，信息商品的单位通常是明确定义且固定的，例如，电子书或电影通常以自身为单位定价并出售，个体消费行为通常相互独立，消费者很少会同时观看两部电影或同时聆听两首音乐作品。相比之下，数据集中用于交易的基本单位往往难以区分，其定价和消费单位也会因客户不同而变化。例如，在一份关于某消费品的全国销售数据中，一些客户可能只关心某一特定省份或特定群体（如年轻女性）的销售数据，另一些客户则只关心特定时间段内（如“双十一”购物节）的销售数据。同时，数据通常会经过匿名等脱敏处理，单个数据单位作为数据要素商品的价值可能较低，因此许多基本数据单位往往会被组合、汇总以供使用。

第二，与信息商品不同，数据集作为数据要素商品具有非常强大和灵活的聚合性。客户经常从各种维度对数据进行聚合，例如，经济学领域的文献常常按地域、性别等虚拟变量对实证结果进行异质性分析。一方面，聚合性为数据业务的创新提供了许多机会；另一方面，聚合性也提出了许多技术和商业挑战，例如，如何在定价时确保没有套利。聚合与数字商品的捆绑销售不同，捆绑是利用信息商品的低复制成本来提高销售额、满足顾客的多样化需求，但人们在消费信息商品时依然是相对独立和有次序的，例如，人们在听音乐时通常会有歌单，一首接着一首，而不会将不同音乐剪辑到一起，然而，数据要素商品的使用方式通常是聚合和组合的。

第三，消费信息商品和数据要素商品的方式也非常不同。通常，信息商品是由人直接消费的，例如，电影被人们观看，音乐被歌迷们欣赏。而数据集则更多的是被计算机消费，例如，被分析、总结或用于训练机器学习模型，最终模型的输出用于自动化操作或支持人类的决策制定。典型的例子是ChatGPT等大语言模型，它们通过输入海量语料进行训练，最终达到类似弱人工智能的程度。

第四，信息商品和数据要素商品在被重复使用和转售的方式上有很大的区别。信息商品容易被其他人消费或重复使用，甚至完整地被转售，因此相对容易进行产权保护。与此相反，数据集可以通过多种方式被重复使用，例如，从不同维度进行聚合或为不同目的进行分析。此外，数据可以被轻松地处理和转换，从而以难以检测的方式被转售出去。一份数据集可能来源于多份数据集的裁切、聚类、整合、计算等复杂处理，因此产权识别和保护难度较大。

综上所述，数据要素商品的定价不仅要考虑其作为信息商品的共性，还要考虑其自身的独特特征。

## 三、大数据场景下数据要素的定价策略

如前所述，大数据场景下的数据要素自然也继承了“5V”特征，同时也展现出数据要素作为商品的独有特征。对于传统数据商品的定价，Muschalle等（2013）将其主要归纳为六个类别：①免费数据策略：将数据发布在线上或分享至公共存储平台，交易并非免费数据的核心目标。例如，数据样本、低精度数据和公共数据库均属此类。免费数据可吸引潜在客户试用，从而刺激完整数据集的消费。②基于使用量的定价策略：通过计量数据流使用量和服务时长进行定价，广泛应用于主要市场场景。例如，早期手机运营商根据用户数据使用量计费，网络服务提供商则通过计量服务时间制定价格。部分厂商还会采用动态定价，结合高峰时段和使用量调整价格，以实现更合理的

数据服务定价。③套餐定价策略：该策略是基于使用量定价的优化版本，通过分析用户行为、监控高峰时段及网络流量，动态调整套餐内容以最大化供应商利润。④统一定价策略：以时间为主要参数，供应商仅需为数字商品设定一次性售价。该策略常见于软件许可证和托管服务，便于供应商预测收益、制订长期计划。然而，对消费者而言，统一定价缺乏灵活性与个性化选择。⑤两部制定价策略：该策略要求消费者支付两部分费用。第一部分是软件许可的固定费用，第二部分是持续的服务和数据支持。这种策略被广泛用于网络服务提供商、手机运营商、软件公司等领域。这些公司首先以固定价格出售其信息商品，此外，第二部分包括服务费、更新费或超出固定套餐的数据使用费。⑥Freemium 策略：这是近年来许多供应商广泛使用的新策略，如内购或会员制。这种定价策略的主要思想是免费提供基础商品或有限服务给消费者。同时，供应商还可以向消费者提供额外价值的服务并收费，同时一些升级功能版本需要额外费用才能解锁。

然而，在数据商品的这些定价策略中，隐私问题变得越来越严重。一般来说，隐私是个人或团体控制其信息不被他人识别或获取的能力。隐私与信息及信息交换密切相关，而这正是信息商品的关键所在。为了在信息商品市场中保护隐私，现有文献探索了多种方向，例如，隐藏买家购买的内容、时间和数量的信息（Aiello et al.，2001）；构建去中心化且可信的隐私保护数据市场（Dao et al.，2018；Hynes et al.，2018）；研究隐私存在时支付与准确性之间的权衡（Nissim et al.，2014）；以及聚合对隐私敏感的人群的非可验证信息（Ghosh et al.，2014）。

基于大数据场景的数据要素定价研究目前较为匮乏，过往文献将数据要素定价模型分为两种：一种是基于经济理论的定价方法；另一种是基于计算机算法的定价方法。

## （一）基于经济理论的定价方法

基于经济理论的定价方法可分为三类，分别是基于数据质量进行评估、基于供需模型进行分析和基于博弈理论进行分析。

第一，基于数据质量的文献通常从多维度将数据分为不同的质量等级。例如，Wang 等（1996）将数据质量分为 15 个维度。在评估了数据的质量之后，会构建消费者效用函数（Yang et al.，2019），然后根据消费者效用和数据自身的价值对数据进行定价（Yu and Zhang，2017）。从数据价值的角度出发，Wang 等（2021）构建了一个数据价值评估模型。

第二，基于供需模型的文献分为两支，分别从成本角度和消费者认知角度进行考虑。前者通常计算数据商品的总成本，并将总成本的一部分设为利润。Liang 等（2018）描述了一个基于成本的定价模型，该模型通过计算总成本并设定利润百分比来确定期望收入，从而进行定价。这种定价模型的优点是简单，因为它只考虑内部因素来确定售价。而关注消费者认知的文献认为，基于成本的定价模型容易被竞争者模仿和复制，从长期来看，供应商需要考虑消费者反馈，特别是对于数字商品，几乎没有重新生产的成本。这类文献提出，消费者认知价格是由消费者愿意支付的最高价格决定的。例如，Harmon 等（2009）提出要基于消费者的效用、市场环境因素、消费者购买数字商品的动机、供应商的价值（取决于供应商的信誉和消费者反馈）、经济价值（取决于消费者需求和对价格的感知）五个主要因素来确定数据定价。这种模型可以应用于上文提到的 Freemium 策略，如高精度数据包的价格高于低精度数据包的价格，全功能数字应用的价格高于演示版本应用的价格。

第三，基于博弈理论的文献主要关注数据提供商和数据消费者的行为交互的问题。常用的方法包括非合作博弈（Luong et al.，2016）、Stackelberg 博弈（Liu et al.，2019）和动态博弈（Mao et al.，2017）。例如，Yang 等

（2024）设计了一个基于三阶段斯塔克伯格博弈的隐私补偿机制。作为不完全信息博弈的重要应用，拍卖也经常运用数据定价（An et al.，2017），例如，通过双边拍卖（Cao et al.，2017）和密封投标拍卖（Jiao et al.，2017）进行数据定价。

### （二）基于计算机算法的定价方法

基于计算机算法的定价方法包括基于查询的定价（Koutris et al.，2015）、利用 GAN 生成器进行数据合成或增强（Jiang et al.，2022），以及人工智能相关方法，如联邦学习（Peyvandi et al.，2022）、深度学习（Hu et al.，2021）等。此外，还包括在线定价平台（Bu et al.，2022）、动态定价（Niu et al.，2020）等方法。还有一些研究结合了计算智能和经济理论。例如，基于智能合约的反勾结拍卖机制（Xiong and Xiong，2021），关注社会福利的基于双重拍卖的多对多交易机制（Duan et al.，2023），以及基于夏普利值的数据价值评估（Wu et al.，2023）。在数据供应链的背景下，Yu 等（2023）讨论了三种定价机制下的最优数据激励机制、保护等级和定价策略，并考察了用户隐私意识对定价策略的影响。这些研究通常从经济理论出发，并融入计算机算法以改进定价方法。

## 四、完善大数据场景下数据要素定价的对策建议

基于以上的回顾，本篇提出了针对大数据场景下数据要素定价的对策建议。

### （一）完善大数据场景下数据要素确权机制

数据要素定价以确权为前提。然而，数据的确权问题一直尚未有定论。

有观点认为，为保障个人数据主权，数据要素应确权给消费者；另有观点认为，考虑到数据处理和规模经济优势，数据所有权应归属企业。折中观点认为，数据要素所有权的分配应视具体情况而定。基于这一难点，清华大学法学院原院长申卫星提出，可将数据原发者拥有的数据所有权与数据处理者拥有的数据用益权分开考虑，以实现数据财产权益分配的均衡。在此基础上，可进一步探讨采用数据使用权的分级授权模式。分级授权模式侧重于通过市场化的授权协议界定数据的使用范围、期限和用途，从而合理、合法地使用数据，并简化对平台上数据衍生出的复杂权利及相关权属问题的处理。尽管学者关于数据要素确权的问题莫衷一是，我国目前也尚无全国性的法律、行政法规对数据要素权益做出具体界定，但对数据要素确权的重要性毋庸置疑。科斯定理认为，只有在初始权利确定后，才能产生交易。有了交易，才有定价环节。对数据要素确权可有效激励数据生产和流通，最终传导至数据要素定价环节。因此，应尽快建立统一的数据要素确权体系，通过法律法规明确确权的具体流程，以便促进数据要素市场和数据要素定价发展。

### （二）制定大数据场景下数据要素定价标准

价值是价格的基础。为了在大数据场景下对数据要素进行合理定价，首要任务是建立和统一数据要素价值的评价标准。这一标准应当遵循公平、透明、合理且具有可操作性的原则。数据要素质量是其价值基础，因此在评价过程中需全面考虑影响数据要素质量的各项指标，如真实性、完整性、一致性和时效性，以及数据的稀缺性。同时，数据的收集、清洗、存储和处理所需的人力、物力及财力成本也是衡量其价值的不可或缺部分。针对不同类型的数据要素（如数字、文本、图片和视频），应设定相应的评价标准，此外，还需考虑隐私保护程度和具体应用场景等附加因素。可以利用人工智能技术结合多种算法模型，对数据要素价值进行更为科学的评估。综合考虑这些因素，形成一套科学且可量化的数据要素价值评价体系，以确保准确全面地反映数据要素的成本、质量和潜在价值。

与此同时，我们还应探索多样化的定价机制。数据提供商可根据实际情况采用成本加成定价、基于价值的定价或收益分成等多种定价原则。在实际的数据交易过程中，可以灵活运用按时计费、按次计费、一次性买断或双方协商定价等多种方式，以满足个性化数据要素需求和定制化服务。对于公共数据，可实行政府指导下的有偿使用制度；对于企业和个人数据，则倡导市场自主定价（黄倩倩等，2022）。在面对复杂定价情况时，可以引入指导参考价机制，即在综合定价标准和专家意见的基础上，为特定类型的数据要素提供定价指南或直接建议价格，帮助对数据要素不太熟悉的数据买家或卖家快速掌握市场价格。

然而，从长远来看，应鼓励和支持数据要素定价向市场化方向发展，使供需关系自然调节价格。在一个有效运作的市场中，最终将形成最优的价格水平。这种方法不仅能够确保数据要素的价值得到公正体现，也有助于促进数据市场的健康发展。

### （三）促进大数据场景下数据要素交易市场的发展

为了促进大数据场景下数据要素市场的健康发展，丰富数据目录、搜索、匹配、定价及结算等具体服务功能，我们需要不断完善交易环境的建设。目前，中国已形成由区域性数据交易中心和行业性交易平台组成的初步市场格局。未来目标是构建“国家级+区域性+行业性”的多层次数据交易市场体系。为此，需要加强现有交易中心和交易平台之间的互联互通，促进不同地区和行业之间的数据流动与应用。这将与计划中的国家级数据交易市场共同构建全国统一的数据要素大市场，为数据要素创造一个充满竞争活力且拥有健全定价机制的市场环境。

当前，我国数据要素市场面临的一大问题是部分数据交易所同时扮演参与者和监管者的双重角色，导致市场秩序混乱。因此，应当积极推动交易场所与数据服务商分离，打造由“交易场所+数据服务商+第三方专业机构”共同参与的多元化生态系统。在此基础上，进一步发展一批综合性、区域性及行业性的数据服务商，从事数据要素的开发、发布、销售及创新等活动。此外，还需大力扶持经纪商和评估商等第三方专业服务机构，经纪商可促进买卖双方需求对接，提高市场流动性；评估商则为买卖双方提供专业的定价咨询，加深其对数据要素价值的理解，从而促成更多交易。

与此同时，必须建立健全有效的监管和惩戒机制。数据提供商应对其提供的数据要素进行全面透明的信息披露，包括但不限于数据量、时间范围、数据种类等，确保买方享有充分的知情权。对于操纵价格、恶意定价等行为应予以严厉打击，维护市场的公平竞争。另外，还要严格保护数据要素产权，严禁非法倒卖或盗取数据要素的行为，切实保障买卖双方的合法权益。通过这些措施，我们可以期待一个更加健康、透明且高效运行的数据要素市场。

### （四）做好大数据场景下数据要素的隐私保护

在大数据场景下，隐私保护是一个不容忽视的关键问题。随着大数据时代的到来，数据隐私的广泛性和复杂性日益凸显，各国法律对数据隐私的保护都有明确规定，要求数据提供者必须进行适当的隐私保护。从数据脱敏处理，到增强数据传输的安全性和存储的可靠性，数据提供者需承担额外的成本。例如，2022 年的美国信息技术与创新基金会报告指出，如果美国采纳类似欧盟《通用数据保护条例》（General Data Protection Regulation，GDPR）的数据隐私立法，数据提供者将不得不采取一系列措施，如聘请数据保护官员、进行合规性审计、建立安全的数据存储设施等，这可能带来约 140 亿美元的额外成本。尽管这笔费用相当可观，但这部分成本可纳入数据要素定价中。对于法律未特别要求保护的隐私数据，可探讨如何在合法合规前提下充分利用这些数据。在某些情况下，数据中的隐私含量可能影响数据的整体质量，从而降低数据价值。为了最大化数据价值，需精确设定隐私保护的程度（蔡跃洲和马文君，2021）。一种可能的解决方案是允许用户“出售”其隐私。在这种模式下，数据提供者“购买”用户隐私权后，可将相关成本计入最终的数据定价中。然而，如何确定用户隐私的具体价格仍是一个亟待解决的难题（Acquisti et al.，2016）。总之，平衡隐私保护与数据价值（受隐私含量影响）是数据要素定价中的重要问题。通过合理的隐私保护措施和灵活的定价策略，可在保护个人隐私的同时，确保数据市场的健康发展。

— 第三篇 —

# 数据资产的会计处理

戴　芸　林元靖

# 作者介绍

戴芸，中山大学岭南学院副教授、博士生导师。荷兰鹿特丹伊拉斯姆斯大学博士，主要研究方向为公司金融、中国债务问题、实验和行为金融学等。已有研究发表在 *Journal of Financial and Quantitative Analysis*、*Management Science*、*Games and Economic Behavior*、*Journal of Economic Behavior and Organization*、*Journal of Economic Dynamics & Control* 以及《经济研究》《管理世界》《管理科学学报》等国内外顶级学术期刊上，曾获第二十二届浙江省哲学社会科学优秀成果奖青年奖。主持国家自然科学基金面上项目和青年项目。

林元靖，现于广东电网管理科学研究院工作。中山大学岭南学院经济学硕士、管理学学士，主要研究方向为公司金融。已有研究发表在 *Applied Economics Letters* 等国内外学术期刊上，曾获第十届广东省哲学社会科学优秀成果一等奖。

# 内容摘要

随着数字经济的蓬勃发展，数据资产已成为企业一项至关重要的无形资产。通过对数据资产的深入理解和合理评估，企业能够更好地管理和运用这些资产，从而在竞争激烈的市场中获得优势。本篇全面探讨了数据资产的概念、特性、分类，以及价值评估方法和会计处理规定，为数据资产的管理提供了系统的指导。

在评估数据资产价值的过程中，成本法、收益法和市场法各具特点，企业需要根据数据资产的具体特性和市场条件，选择最合适的评估方法，确保评估结果的准确性和公正性。同时，数据资产的会计处理规定为企业如何将数据资产纳入财务报表提供了明确的框架。企业可在梳理合规和授权的基础上，按照治理与管理、分析预期经济利益的可行性、归集与分摊相关成本、列报与披露的流程探索数据资产入表的实践路径。

在数字经济时代，数据成为继土地、劳动力、资本、技术四大生产要素之后的第五大生产要素，已深度融入生产、分配、流通、消费和社会服务管理各环节，深刻改变着生产方式、生活方式乃至社会治理方式。在这一背景下，2022 年 12 月，中共中央、国务院颁布《关于构建数据基础制度更好发挥数据要素作用的意见》，明确提出探索数据资产入表新模式。2023 年 8 月，财政部印发《企业数据资源相关会计处理暂行规定》，对数据资源是否可以作为资产确认、作为哪类资产确认、如何进行相关的信息披露等问题做出了回应和规定。

数据资产化是大势所趋，数据资产“入表”是释放数据要素价值、打通数据要素流通的关键举措。于国家而言，数据资产入表是推动数字经济与实体经济深度融合的微观基础，能更准确地反映数字经济时代的经济结构和增长动力，并为完善相关法律法规体系和政策机制提供依据，从而优化资源配置。于市场而言，数据资产入表可以加快数据资源的市场化和价值化，提升市场对数据资源价值的认知，推动构建全国一体化数据市场，激发数据驱动的商业模式创新。于企业而言，数据资产入表有助于显化数据资源贡献价值的模式，提升财务报表的相关性和可靠性，推动数据资产合规高效流通使用，从而促进企业数字化转型。除了为企业后续运营夯实基础，数据资产入表还可以为企业拓展数据驱动业务、拓宽融资渠道、开展数据交易提供支持。

随着数据资产入表进程不断加快，正确理解数据资产的特性和相关的会计处理原则尤为重要。本篇将系统地探讨数据资产的概念与特征、数据资产的价值评估、数据资产的相关会计处理以及入表的实践路径，旨在为数据资产的管理和审计提供系统指导，助力数据资源价值的释放。

# 一、数据资产的概念与特征

## （一）数据资产的定义

数据资产是由个人或企业拥有或控制的，能为企业带来未来经济利益的，以物理或电子方式记录的数据资源。

数据资产通常包括但不限于以下几类：第一类是原始数据，指直接从数据源获取的未经处理的数据，如传感器数据、交易记录等。第二类是加工数据，指对原始数据进行清洗、整合、分析后得到的结构化或半结构化数据。第三类是分析结果，指基于数据的洞察和分析得出的结论或预测，如市场趋势分析、用户行为分析等。第四类是知识库，指可以用于指导决策和行动的系统化数据集合，如专业知识、经验、规则等。

## （二）数据资产的特性

根据《企业会计准则——基本准则》，资产是指企业过去的交易或者事项形成的、由企业拥有或者控制的、预期会给企业带来经济利益的资源。符合资产定义的资源，在同时满足与该资源有关的经济利益很可能流入企业，以及该资源的成本或者价值能够可靠地计量的条件时，确认为资产。数据资产作为企业资产的一种，应具备与传统企业资产一致的系列特性。

基于此，数据资源需要满足如下四个条件，方可确认为资产：第一，数据资源应是由企业过去的交易或者事项形成的。第二，数据资源必须具有实际或潜在的经济价值，能够为组织或个人带来直接或间接的经济利益。第三，数据资源的价值能够通过某种方法进行量化，无论是通过市场价值、成本节约还是潜在收益。第四，企业必须对数据资源拥有控制权，能够决定数据的使用、共享和保护。

### （三）数据资产识别的 ISO 标准

依据 ISO 55013：2024 标准①，组织或个人持有的数据资产千差万别，因此，它们识别数据资产的标准也可能有所差异。每个组织或个人在将数据集识别为数据资产时，可能会考虑以下因素：第一，数据集被视为具有高价值或高风险，且需要持续有效管理；第二，从外部渠道购买或获得的数据资源；第三，使用多个软硬件平台上存储数据，而这些平台的技术可能会随时间更迭；第四，需要在不同数据集之间实现信息准确的交叉引用；第五，数据资产的生命周期可能超出其存储技术（软件和硬件）的生命周期；第六，法律法规的变动可能要求对不同数据集进行相应的调整；第七，多个流程可能同时使用不同的数据集，这增加了数据不一致性的风险；第八，存储数据的格式可能因技术陈旧而变得过时；第九，组织结构的变动，如重组、合并或拆分，可能会对数据资产支持管理目标的能力造成影响。

## 二、数据资产的价值评估

### （一）数据资产价值的影响因素

中国信息通信研究院政策与经济研究所在 2020 年的研究②中，将数据资产价值的影响因素归纳为四个关键维度：数量、质量、应用和风险（见图 3-1）。这四个维度构成了评估数据资产价值的框架，具体如下：

---

① ISO 55013：2024 标准“Asset management—Guidance on the management of data assets”，第一版，2024 年 7 月。

② 中国信息通信研究院政策与经济研究所：《数据资产化：数据资产确认与会计计量研究报告（2020 年）》，2020 年 12 月。

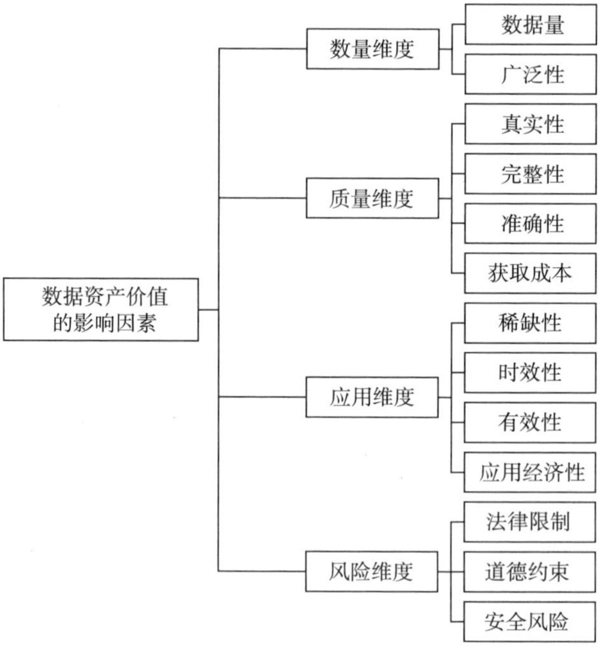


**图 3-1　数据资产价值的影响因素**

一是数量维度，关注数据的规模和覆盖范围。数据量指的是数据集的规模，而广泛性则描述了数据集所涵盖的领域或主题的多样性。

二是质量维度，涉及数据的真实性、完整性、准确性及获取成本。真实性衡量数据反映现实世界情况的准确性；完整性评估数据集是否包含所有相关指标；准确性则关注数据记录的精确度；获取成本则指在收集数据时所投入的资源，包括人力和物力。

三是应用维度，考量数据的稀缺性、时效性、有效性及应用经济性。稀缺性指数据资产的独特性和不可替代性；时效性强调数据资产在特定时间内的价值，以及其随时间的快速贬值；有效性描述数据在实际应用中所能产生的效益；应用经济性则考虑数据在不同应用场景中的价值差异。

四是风险维度，包括法律限制、道德约束和安全风险。法律限制涉及数据使用和交易的法律约束；道德约束指数据资产在社会道德层面的限制和潜在风险；安全风险则关注数据在存储、处理和交易过程中可能遭受的盗窃、篡改或破坏的风险。

### （二）数据资产评估的方法

在评估数据资产时，需要考虑数据的潜在价值、控制权、数据质量、可访问性、合规性、安全性、可维护性、可交换性、数据的分类和组织以及数据的生命周期管理等因素。评估方法的选择应根据数据资产的特点和评估目的来确定，有时也需要结合多种方法来进行综合评估。数据资产评估的方法主要包括三种，本部分将对这三种方法展开讲解。

第一种方法是成本法，基于数据资产获取、处理和维护的成本来估算其价值。该方法考虑了数据采集、存储、处理、分析和维护的成本，适用于数据资产的初始价值评估，在数据资产的市场价值或收益模式不明确的情况下尤其适用。

第二种方法是收益法，基于数据资产未来收益的预测来估算其价值。该方法适用于能够直接或间接产生经济收益的数据资产，如数据驱动的产品和服务。

第三种方法是市场法，依据市场上类似数据资产的交易价格来评估目标数据资产的价值。该方法适用于有明确交易记录和可比性的数据资产，如公开交易的数据集或数据服务。

1. 成本法

成本法是一种评估数据资产价值的方法，它依据数据资产在其整个生命周期内产生的成本来确定其价值。该方法涵盖了从数据的采集、存储、处理、分析到维护等各个环节的成本，特别适用于那些市场价值不明确或收益模式不清晰的数据资产的初步价值评估。成本法的基本计算公式为：

资产价值＝总成本－资产贬值因素　　（3-1）

其中，总成本通常包括但不限于以下几项：一是数据采集成本，涉及直接成本（如购买数据、传感器等）和间接成本（如人力资源、时间成本）；二是数据存储成本，包括硬件设备、软件许可、数据中心空间及能源消耗等；三是数据处理和清洗成本，涵盖使用软件工具、算法开发、人工干预等对原始数据进行处理、清洗和转换的成本；四是数据分析和挖掘成本，包括算法开发、模型训练、计算资源等对数据进行分析、挖掘和建模的成本；五是数据维护成本，涉及数据更新、备份、恢复、安全防护等方面的成本。

成本法在叠加各项成本的同时，还要考虑数据资产的贬值。根据贬值原因的不同，资产贬值通常分为三类：一是实体性贬值，指由于物理磨损导致的资产价值下降；二是功能性贬值，指由于技术过时导致资产价值下降；三是经济性贬值，指由于市场需求减少导致资产价值下降。

在评估过程中，还需考虑数据资产在特定应用场景下可能面临的风险和机会，并对评估结果进行相应的调整，以确保评估结果的准确性和适用性。

2. 收益法

收益法是一种评估数据资产价值的方法，它基于对未来收益的预测。这种方法假设数据资产的价值取决于其未来能够为所有者带来的经济利益。收益法特别适用于那些能够直接或间接产生经济收益的数据资产，例如，数据驱动的产品和服务、数据支持的决策优化等。收益法的基本计算公式为：

$$\text{资产价值} = \sum_{t=1}^{n} \frac{R_t}{(1+r)^t} \tag{3-2}$$

其中，$R_t$ 表示预期的第 $t$ 年收益，可能包括直接收益（如销售收入、服务费等）和间接收益（如成本节约、效率提升等）。$n$ 表示预测收益的时间范围，通常为数据资产的预期使用寿命。$r$ 表示折现率，折现率可能受到市场风险、项目风险、资本成本等因素的影响，反映了数据资产预测收益的不确定性和时间价值。

在此基础上，还需分析数据资产面临的风险和不确定性及其他调整因素，对评估结果进行调整。

3. 市场法

市场法是一种评估数据资产价值的方法，它通过参考市场上类似资产的交易价格来进行估算。这种方法所基于的假设是，在自由市场条件下，相似资产的交易价格可以作为评估目标资产价值的依据。市场法特别适用于那些在市场上有明确交易记录和可比性的数据资产，例如，公开交易的数据集、数据服务或数据驱动的公司股权。市场法的基本计算公式为：

资产价值=可比资产价值×调整系数　　（3-3）

市场法的核心在于识别与被评估资产相同或相似的参照物（可比资产），分析其市场交易价格，并根据被评估资产与参照物之间的差异进行调整，以估算出被评估资产的价值。调整系数可能包括但不限于资产的物理特征、地理位置、时间价值、市场需求和供给状况等因素。

采用市场法评估数据资产价值通常包含七个步骤：第一步，确定评估目的，即明确评估数据资产的目的，如并购、合作、投资等；第二步，选择可比数据资产，即寻找与目标数据资产具有相似特征的可比数据资产，需要考虑的特征包括数据类型、数据量、数据质量、数据来源等；第三步，收集市场交易数据，即收集可比数据资产在市场上的交易价格、交易条件、交易时间等信息；第四步，分析市场条件，即分析市场条件对数据资产价值的影响，如供需关系、市场趋势、竞争环境等；第五步，计算价格比率，即根据可比数据资产的交易价格和特征，计算价格比率，如每 GB 数据的价格、每条记录的价格等；第六步，调整价格比率，即根据目标数据资产与可比数据资产之间的差异，对价格比率进行调整，以反映目标数据资产的特定价值；第七步，估算目标数据资产价值，即将调整后的价格比率应用于目标数据资产，估算其价值。通过以上步骤，可以估算出一个基于市场实际交易的、客观的数据资产价值作为市场法的评估价值。

4. 三种评估方法的优缺点

三种估值方法各有优缺点。成本法以数据资产在生命周期内产生的总成本为基础评估价值，其优点主要体现在三个方面。其一，客观，成本法基于实际发生的成本，易于验证和理解。其二，适用性广，成本法适用于新创企业或尚未产生收益的数据资产。其三，稳定性强，成本法不考虑市场波动，评估结果相对稳定。而成本法也存在缺陷，表现在其忽视未来价值，不直接考虑数据资产未来可能带来的收益。在使用过程中，还可能遗漏贬值因素导致价值估算偏差，比如未能充分考虑技术过时或市场需求变化导致的贬值。此外，因市场条件变化，重置成本可能会被高估或低估。

收益法基于数据资产预期产生的收益进行评估，具有直接的经济意义。同时，收益法考虑了数据资产的潜在盈利能力和成长性，评估结果与市场条件和预期紧密相关，体现出其动态性及市场相关性的优势。然而，收益法这种基于对未来收益预测的特性也存在局限性。其一，预测存在风险，收益法依赖于对未来收益的预测，存在不确定性。其二，收益法的计算除了需要预测未来收益，还需综合多个方面因素确定数据资产的折现率，容易受主观判断影响。其三，收益法对于尚未产生或不直接产生收益的数据资产并不适用。

市场法以市场为导向，基于市场上相似资产的交易价格确定数据资产价值，反映了市场的供需关系。这一评估逻辑使评估结果能够快速反映当前市场状况，具有时效性的特征。同时，市场法的评估过程和结果容易为市场参与者理解。需要注意的是，市场法在实际运用时可能会遇到困难，比如难以找到完全相同或相似的数据资产、在缺乏活跃市场的条件下难以应用等。此外，使用市场法时可能忽视个体特征，未能充分考虑数据资产的特定特征和价值。

三种数据资产价值评估方法的优缺点总结如图 3-2 所示。在选择评估方法时，应根据数据资产的特性、可用信息、市场条件以及评估目的综合考虑。在某些情况下，为了提高评估的准确性和可靠性，可能需要多种方法综合使用。

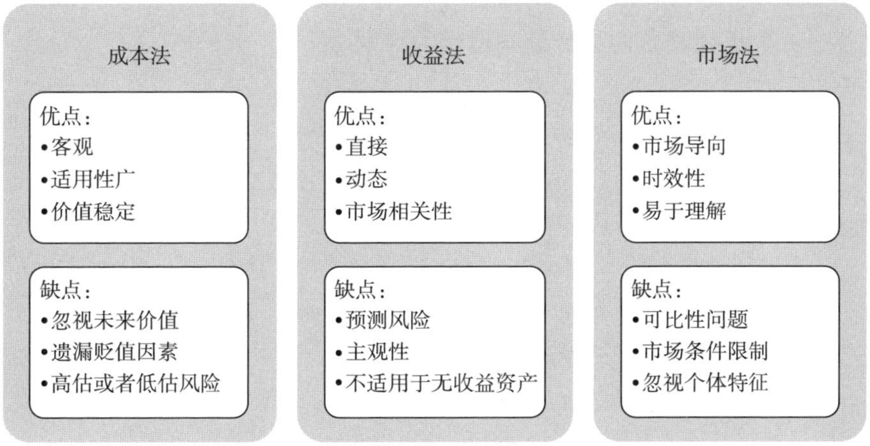


**图 3–2　三种数据资产价值评估方法的优缺点**

## 三、数据资产会计处理的相关规定

为规范企业数据资源相关会计处理，强化相关会计信息披露，根据《中华人民共和国会计法》和相关企业会计准则，财政部制定了《企业数据资源相关会计处理暂行规定》（以下简称《暂行规定》）。该规定于 2023 年 8 月 1 日印发，自 2024 年 1 月 1 日起施行。

《暂行规定》适用于企业按照企业会计准则相关规定确认为无形资产或存货等资产类别的数据资源，以及企业合法拥有或控制的、预期会给企业带来经济利益的、但由于不满足企业会计准则相关资产确认条件而未被确认为资产的数据资源的相关会计处理。《暂行规定》明确了关于数据资源会计处理使用的准则、列示和披露要求等。

## （一）关于数据资源会计处理适用的准则

企业应当按照企业会计准则相关规定，根据数据资源的持有目的、形成方式、业务模式，以及与数据资源有关的经济利益的预期消耗方式等，对数据资源相关交易和事项进行会计确认、计量和报告。

1.《无形资产准则》

企业使用的数据资源，符合《企业会计准则第 6 号——无形资产》（财会〔2006〕3 号，以下简称《无形资产准则》）规定的定义和确认条件的，应当确认为无形资产。企业应当按照《无形资产准则》、《〈企业会计准则第 62 号——无形资产〉应用指南》（财会〔2006〕18 号，以下简称《无形资产准则应用指南》）等规定，对确认为无形资产的数据资源进行初始计量、后续计量、处置和报废等相关会计处理。

对于初始计量，根据企业获得数据资产的方式区分处理。企业通过外购方式取得确认为无形资产的数据资源，其成本包括购买价款、相关税费，直接归属于使该项无形资产达到预定用途所发生的数据脱敏、清洗、标注、整合、分析、可视化等加工过程所发生的有关支出，以及数据权属鉴证、质量评估、登记结算、安全管理等费用。企业通过外购方式取得数据采集、脱敏、清洗、标注、整合、分析、可视化等服务所发生的有关支出，不符合无形资产准则规定的无形资产定义和确认条件的，应当根据用途计入当期损益。企业内部数据资源研究开发项目的支出，应当区分研究阶段支出与开发阶段支出。研究阶段的支出，应当于发生时计入当期损益。开发阶段的支出，满足《无形资产准则》第九条规定的有关条件的，才能确认为无形资产。

对于后续计量，企业在对确认为无形资产的数据资源的使用寿命进行估计时，应当考虑《无形资产准则应用指南》规定的因素，并重点关注数据资源相关业务模式、权利限制、更新频率和时效性、有关产品或技术迭代、同类竞品等因素。企业在持有确认为无形资产的数据资源期间，利用数据资源对客户提供服务的，应当按照《无形资产准则》《无形资产准则应用指南》等规定，将无形资产的摊销金额计入当期损益或相关资产成本；同时，企业应当按照《企业会计准则第 14 号——收入》（财会〔2017〕22 号，以下简称《收入准则》）等规定确认相关收入。

除上述情形外，企业利用数据资源对客户提供服务的，应当按照《收入准则》等规定确认相关收入，符合有关条件的应当确认合同履约成本。

2.《存货准则》

企业日常活动中持有、最终目的用于出售的数据资源，符合《企业会计准则第 1 号——存货》（财会〔2006〕3 号，以下简称《存货准则》）规定的定义和确认条件的，应当确认为存货。企业应当按照存货准则、《〈企业会计准则第 1 号——存货〉应用指南》（财会〔2006〕18 号）等规定，对确认为存货的数据资源进行初始计量、后续计量等相关会计处理。

对于初始计量，根据企业获得数据资产的方式区分处理。企业通过外购方式取得确认为存货的数据资源，其采购成本包括购买价款、相关税费、保险费，以及数据权属鉴证、质量评估、登记结算、安全管理等所发生的其他可归属于存货采购成本的费用。企业通过数据加工取得确认为存货的数据资源，其成本包括采购成本，以及数据采集、脱敏、清洗、标注、整合、分析、可视化等加工成本和使存货达到目前场所和状态所发生的其他支出。

对于后续计量，企业出售确认为存货的数据资源，应当按照《存货准则》将其成本结转为当期损益；同时，企业应当按照《收入准则》等规定确认相关收入。企业出售未确认为资产的数据资源，应当按照《收入准则》等规定确认相关收入。

### （二）关于列示和披露要求

企业在编制资产负债表时，应当根据重要性原则并结合本企业的实际情况，在“存货”项目下增设“其中：数据资源”项目，反映资产负债表日确认为存货的数据资源的期末账面价值；在“无形资产”项目下增设“其中：数据资源”项目，反映资产负债表日确认为无形资产的数据资源的期末账面价值；在“开发支出”项目下增设“其中：数据资源”项目，反映资产负债表日正在进行数据资源研究开发项目满足资本化条件的支出金额。

企业应当按照相关企业会计准则及本规定等，在会计报表附注中对数据资源相关会计信息进行披露。

1. 确认为无形资产的数据资源相关披露

（1）企业应当按照外购无形资产、自行开发无形资产等类别，对确认为无形资产的数据资源（以下简称数据资源无形资产）相关会计信息进行披露，并可以在此基础上根据实际情况对类别进行拆分。具体披露格式如表 3-1 所示。

**表 3-1　确认为无形资产的数据资源相关披露**

| 项目 | 外购的数据资源无形资产 | 自行开发的数据资源无形资产 | 其他方式取得的数据资源无形资产 | 合计 |
|---|---|---|---|---|
| 一、账面原值 | | | | |
| 1. 期初余额 | | | | |
| 2. 本期增加金额 | | | | |
| 其中：购入 | | | | |
| 内部研发 | | | | |
| 其他增加 | | | | |
| 3. 本期减少金额 | | | | |
| 其中：处置 | | | | |
| 失效且终止确认 | | | | |
| 其他减少 | | | | |
| 4. 期末余额 | | | | |
| 二、累计摊销 | | | | |
| 1. 期初余额 | | | | |

续表

| 项目 | 外购的数据资源无形资产 | 自行开发的数据资源无形资产 | 其他方式取得的数据资源无形资产 | 合计 |
|---|---|---|---|---|
| 2. 本期增加金额 | | | | |
| 3. 本期减少金额 | | | | |
| 其中：处置 | | | | |
| 失效且终止确认 | | | | |
| 其他减少 | | | | |
| 4. 期末余额 | | | | |
| 三、减值准备 | | | | |
| 1. 期初余额 | | | | |
| 2. 本期增加金额 | | | | |
| 3. 本期减少金额 | | | | |
| 4. 期末余额 | | | | |
| 四、账面价值 | | | | |
| 1. 期末账面价值 | | | | |
| 2. 期初账面价值 | | | | |

（2）对于使用寿命有限的数据资源无形资产，企业应当披露其使用寿命的估计情况及摊销方法；对于使用寿命不确定的数据资源无形资产，企业应当披露其账面价值及使用寿命不确定的判断依据。

（3）企业应当按照《企业会计准则第28号——会计政策、会计估计变更和差错更正》（财会〔2006〕3号）的规定，披露对数据资源无形资产的摊销期、摊销方法或残值的变更内容、原因以及对当期和未来期间的影响数。

（4）企业应当单独披露对企业财务报表具有重要影响的单项数据资源无形资产的内容、账面价值和剩余摊销期限。

（5）企业应当披露所有权或使用权受到限制的数据资源无形资产，以及用于担保的数据资源无形资产的账面价值、当期摊销额等情况。

（6）企业应当披露计入当期损益和确认为无形资产的数据资源研究开发

支出金额。

（7）企业应当按照《企业会计准则第8号——资产减值》（财会〔2006〕3号）等规定，披露与数据资源无形资产减值有关的信息。

（8）企业应当按照《企业会计准则第42号——持有待售的非流动资产、处置组和终止经营》（财会〔2017〕13号）等规定，披露划分为持有待售类别的数据资源无形资产有关信息。

2. 确认为存货的数据资源相关披露

（1）企业应当按照外购存货、自行加工存货等类别，对确认为存货的数据资源（以下简称数据资源存货）相关会计信息进行披露，并可以在此基础上根据实际情况对类别进行拆分。具体披露格式如表3-2所示。

**表3-2　确认为存货的数据资源相关披露**

| 项目 | 外购的数据资源存货 | 自行加工的数据资源存货 | 其他方式取得的数据资源存货 | 合计 |
|---|---|---|---|---|
| 一、账面原值 | | | | |
| 1. 期初余额 | | | | |
| 2. 本期增加金额 | | | | |
| 其中：购入 | | | | |
| 采集加工 | | | | |
| 其他增加 | | | | |
| 3. 本期减少金额 | | | | |
| 其中：出售 | | | | |
| 失效且终止确认 | | | | |
| 其他减少 | | | | |
| 4. 期末余额 | | | | |
| 二、存货跌价准备 | | | | |
| 1. 期初余额 | | | | |
| 2. 本期增加金额 | | | | |
| 3. 本期减少金额 | | | | |

续表

| 项目 | 外购的数据资源存货 | 自行加工的数据资源存货 | 其他方式取得的数据资源存货 | 合计 |
|---|---|---|---|---|
| 其中：转回 | | | | |
| 转销 | | | | |
| 4. 期末余额 | | | | |
| 三、账面价值 | | | | |
| 1. 期末账面价值 | | | | |
| 2. 期初账面价值 | | | | |

（2）企业应当披露确定发出数据资源存货成本所采用的方法。

（3）企业应当披露数据资源存货可变现净值的确定依据、存货跌价准备的计提方法、当期计提的存货跌价准备的金额、当期转回的存货跌价准备的金额，以及计提和转回的有关情况。

（4）企业应当单独披露对企业财务报表具有重要影响的单项数据资源存货的内容、账面价值和可变现净值。

（5）企业应当披露所有权或使用权受到限制的数据资源存货，以及用于担保的数据资源存货的账面价值等情况。

3. 其他披露要求

企业对数据资源进行评估且评估结果对企业财务报表具有重要影响的，应当披露评估依据的信息来源，评估结论成立的假设前提和限制条件，评估方法的选择，各重要参数的来源、分析、比较与测算过程等信息。

企业可以根据实际情况，自愿披露数据资源（含未作为无形资产或存货确认的数据资源）下列相关信息：

（1）数据资源的应用场景或业务模式、对企业创造价值的影响方式，与数据资源应用场景相关的宏观经济和行业领域前景等。

（2）用于形成相关数据资源的原始数据的类型、规模、来源、权属、质量等信息。

（3）企业对数据资源的加工维护和安全保护情况，以及相关人才、关键技术等持有和投入情况。

（4）数据资源的应用情况，包括数据资源相关产品或服务等的运营应用、作价出资、流通交易、服务计费方式等情况。

（5）重大交易事项中涉及的数据资源对该交易事项的影响及风险分析，重大交易事项包括但不限于企业的经营活动、投融资活动、质押融资、关联方及关联交易、承诺事项、或有事项、债务重组、资产置换等。

（6）数据资源相关权利的失效情况及失效事由、对企业的影响及风险分析等，如数据资源已确认为资产的，还包括相关资产的账面原值及累计摊销、减值准备或跌价准备、失效部分的会计处理。

（7）数据资源转让、许可或应用所涉及的地域限制、领域限制及法律法规限制等权利限制。

（8）企业认为有必要披露的其他数据资源相关信息。

## 四、数据资源入表途径

《暂行规定》发布后，普华永道①建议，企业可在数据资产的合规与确权基础上，从有效治理与管理数据资产、数据资产预期经济利益的可行性分析、相关成本的合理归集与分摊，以及数据资产的列报与披露等过程，探索企业数据资产入表的实践路径。

### （一）企业数据资产的合规与确权

根据我国《中华人民共和国民法典》第一百二十七条的规定，数据被赋

① 普华永道：《企业数据资源入表的五大提示及“五步法”入表路径解析》，2023 年 8 月。

予了民事权益的地位，但该条款并未提供关于数据权益具体实施的细节性规定。这种立法上的留白导致了数据法律权属问题的争议。为了解决这一问题，2022 年 12 月发布的“数据二十条”提出了建立一个旨在保障权益和合规使用的数据产权制度。该制度建议探索数据产权的结构性分置，即建立一个包含数据资源持有权、数据加工使用权、数据产品经营权的“三权”分置框架。

《暂行规定》进一步明确了适用范围，强调了“合法拥有或控制”的数据资源的重要性，这与我国陆续出台的一系列数据产权制度相协调。这表明，确保数据资源的合规性和确立其法律权属是数据资源得以正式入表并进行管理的首要步骤。通过这些措施，可以为数据资源的合理利用和保护提供法律基础，同时为数据产权的明确界定和实施提供指导。

1. 数据合规梳理

企业在处理数据资源时，必须遵守《中华人民共和国数据安全法》《中华人民共和国个人信息保护法》《中华人民共和国网络安全法》《关于构建数据基础制度更好发挥数据要素作用的意见》以及各省份行业数据安全管理办法等现行有效的法律、行政法规和规范性文件。企业应从以下五个主要维度对数据资源进行合规性梳理和管理。

第一，数据来源合规。确保企业获取数据的行为遵守所有相关法律法规、国家政策和社会公共道德，不侵犯任何第三方的合法权益。这包括避免采集非企业主营业务相关的数据，以及在数据采购时验证供应商是否拥有合法的数据授权。

第二，数据内容合规。企业存储的数据内容必须真实、合法且合规，不得包含法律法规禁止采集或存储的违法数据。这涉及不私自存储未经授权的国家机密、敏感数据、重要数据、商业秘密和个人信息。

第三，数据处理合规。企业在处理数据时，必须遵守法律相关规定，坚持合法、正当和必要的原则。这包括在不超出个人授权同意的范围处理个人信息。

第四，数据管理合规。企业应根据法律法规、规章和国家标准的要求，建立和实施数据合规管理制度。这包括构建合规管理体系、进行风险识别和评估，以及建立全链条的监督管理机制，特别是在数据分类分级管理、数据跨境流动和个人信息保护等方面。

第五，数据经营合规。企业在开展数据经营业务时，必须依法获得必要的资质、行政许可和充分授权，并建立完善的内控体系，以确保数据经营活动不会危害国家安全、公共利益，也不会侵犯个人或组织的合法权益。

2. 数据授权梳理

数据权属是数据资源会计入表的关键要素，确保一个完整的数据资源授权链条对于企业进行数据资源入表至关重要。在数据入表之前，企业必须根据数据资源的来源，详细梳理其授权链条的完整性。具体而言，在进行数据入表前，企业应基于数据资源的来源，梳理其完整授权链条。如当企业自行采集个人数据时，应获得数据主体的恰当授权；当企业采买个人数据时，应获得数据供应商及数据主体的恰当授权。同时，企业应建立一套数据权属监督管理机制，以持续跟踪和维护数据资源权属的变更情况。例如，如果企业获取的数据授权存在有效期限制，应在资产使用寿命的估算中合理反映并公开披露这一信息。

综上所述，企业应建立和完善与其业务特点相适应的数据合规和产权管理制度。这包括确保数据来源的合规性、隐私保护的充分性、数据流通和交易的规范性，以及分级授权的合理性。通过这些措施，企业可以理顺数据资源的产权关系，为数据资源的会计入表清除法律障碍，从而促进数据资源的有效管理和利用。

### （二）企业数据资产的治理与管理

根据企业会计准则，资产确认需满足两个条件：首先，与资产相关的经济利益很可能流入企业，通常意味着流入的可能性超过 50%。其次，相关成本必须能够可靠地计量。尽管这两个条件看似直接，但要满足它们，企业需要建立一套完善的数据治理和管理流程。为了实现这一目标，企业应构建以下数据资源管理体系，以确保会计计量和披露的连续性和可靠性。

第一，建立数据资产体系。建立一个顶层的数据资产管理框架，明确各方职责，制定数据资产相关的标准和机制。这将有效支持数据资源入表工作，并与企业现有的数据管理体系紧密结合。

第二，创建数据资源目录。创建一个企业级的数据资源目录，对具有经济利益的数据资源进行全面盘点。通过目录化、标签化和元数据属性等手段，准确描述数据资源，为估值和会计计量提供基础。

第三，建立数据资产账户。对于拥有丰富数据资源、高价值含量且能够进行精细化管理的企业，建议建立数据资产账户体系。引入内部分户账，以有效管理数据资产因持续开发、应用和内外部流通而产生的账面价值变化。

第四，开展数据资产血缘分析。加强重要数据资产的血缘分析能力，形成准确的数据血缘图谱。这将有效支持后续数据资产的成本法和收益法价值分摊，实现数据资产视角的业务和财务精细化管理，以及精确衡量数据资源的投产比分析。

第五，形成数据资源运营能力。通过数据资源入表与披露为抓手，形成企业级的数据资源内外双循环的运营能力，以财务资产视角推动各业务和技术部门的数据运营，数据运营的成果真正与企业财务表现挂钩，成为业务数字化建设的催化剂。

### （三）企业数据资产预期经济利益的可行性分析

企业通过建立内部数据资产价值评估体系，对数据资源进行分类，并根据不同的业务交互需求和商业应用场景（如数据产品和服务）进行评估。采用货币化度量方法，将业务应用场景的价值与数据资源的获取成本进行比较，以衡量数据资源的经济价值和投入产出效益。

具体来讲，可以通过以下步骤进行数据资产预期经济利益的可行性分析。第一步，明确分析目标，如评估数据资产的潜在价值、预测未来的收益或优化数据资产的管理和使用。第二步，识别和分类数据资产。识别企业内的所有数据资产，并根据其类型、来源、用途等进行分类。第三步，分析市场和行业。研究市场趋势、行业需求和竞争对手的情况，以了解数据资产的潜在市场。识别和评估与数据资产相关的各种风险，包括技术风险、市场风险、法律风险和操作风险。第四步，数据资产价值评估。利用成本法、市场法、收益法等方法对数据资产进行价值评估。同时进行敏感性分析，评估关键变量（如价格、成本、市场需求等）的变化对预期经济利益的影响。第五步，持续监控和评估。实施后持续监控数据资产的表现，并定期进行评估，以确保预期经济利益的实现。

### （四）企业数据资产相关成本的合理归集与分摊

在会计和财务管理中，数据资产的成本计算是一个复杂的过程，它不仅包括直接的购买成本，如购买价款和相关税费，还涉及一系列其他成本。这些成本可能包括：数据合规成本，确保数据收集、处理和使用符合法律法规要求的成本；数据治理成本，包括制定和执行数据管理政策、流程和控制的成本；权属鉴定成本，确定数据所有权和使用权的成本；登记成本，将数据资产正式记录在企业账目上的成本；间接成本分摊，将与数据资源相关的间接费用合理分配到各个成本中心。

数据资源的一个典型特征是它们的伴生性，即数据通常在企业的日常运营活动中产生。这使在成本分摊时，如何确保数据资源成本的完整性成为一个挑战。例如，信息系统在支持主营业务的同时，也生成了经营数据。在这种情况下，业务运营成本与数据产生成本的界定和区分变得模糊。

为了实现数据资源在会计上的“入表”，即正式记录在企业的财务报表中，企业必须确保成本能够可靠地计量。这要求企业采取以下措施：第一，提前规划，在数据资源管理的早期阶段就开始规划成本归集和分摊机制；第二，有效治理与管理数据资源，建立有效的数据治理框架，确保数据资源的质量和可用性；第三，数据资产血缘分析，通过血缘分析，追踪数据资产的来源和使用，形成准确的数据血缘图谱；第四，建立统一且合理的成本归集与分摊机制，确保成本分配的透明度和公正性；第五，信息化实施，利用信息技术工具和系统，自动化成本归集和分摊过程，提高效率和准确性。

通过上述措施，企业不仅能够确保数据资源成本的完整性和准确性，还能够为数据资源的会计处理和财务决策提供坚实的基础。这有助于企业更好地理解和利用其数据资产，从而在数据驱动的经济环境中保持竞争力。

### （五）企业数据资产的列报与披露

根据《暂行规定》，企业在编制财务报表时，应遵循重要性原则，并结合自身的具体情况，适当增设报表子项目。这些子项目应通过表格形式详细披露，以提高信息的透明度和可理解性。

《暂行规定》对数据资源的披露要求与现行的无形资产和存货会计准则保持一致，同时鼓励企业自愿披露更多相关信息。这些更详细的相关信息可能包括以下五类：第一类信息是数据资源的应用场景或业务模式，描述数据资源如何被用于业务运营和创造收入；第二类信息是原始数据的类型和来源，提供关于数据收集的详细信息，包括数据的类型和来源渠道；第三类信息是数据的加工、维护和安全保护措施，详细说明企业如何加工和维护数据，以及采取了哪些安全措施来保护数据；第四类信息是重大交易事项，披露与数据资源相关的重大交易，如数据购买、销售或授权协议；第五类信息是权利失效和受限情况，说明数据资源的法律权利是否存在失效或受到限制的情况。

虽然增加的披露要求可能会增加企业的披露成本，但适当的信息披露对企业有多个方面的益处：第一，数据投入显性化，将原本作为费用处理的数据投入转化为显性资产，有助于更好地反映企业的真实价值。第二，提升企业价值，透明的数据资源披露有助于投资者和其他利益相关者更全面地了解企业的资产状况和潜在价值，从而可能提升企业的市场估值。第三，内部管理流程优化，披露要求促使企业建立更精细的内部管理流程，以准确评估数据资源的价值，明确其构成、来源和实现方式。

综上所述，虽然《暂行规定》对数据资源的披露提出了更高要求，但这些要求有助于企业更有效地管理和利用数据资源，同时提高企业在资本市场的透明度和吸引力。

— 第四篇 —

# 关联型与共享型数据要素的交易与优化配置

徐欣毅

## 作者介绍

徐欣毅，中山大学岭南学院副教授，于2017年获得香港中文大学经济学博士学位。主要研究方向为机制设计、契约理论和数字经济。近年来，主持一项以及参与多项国家自然科学基金项目，并在国内外知名经济学理论期刊发表高水平论文多篇。

## 内容摘要

本篇聚焦数字经济背景下关联型与共享型数据要素的交易与优化配置，探讨数据作为新型生产要素对传统资源配置机制带来的挑战。数据获取与应用能力成为企业核心竞争力，并推动劳动力市场向高技能需求转型。

针对关联型数据，传统独立估值拍卖机制难以适配其价值受多维外部因素交互影响的特性。本篇提出股权式拍卖的创新解决方案，竞标者以股权份额竞标，共享数据长期收益，激励深度价值挖掘。通过Myerson最优机制设计框架，构建条件虚拟估值模型，确保激励相容与个体理性。模型显示，最优配置规则将数据分配给虚拟估值最高者，并通过股权支付平衡供需双方收益与成本。该机制促进合作，缓解数据隐私与估值复杂性难题。

在共享型数据配置中，多方协同使用特征要求交易机制兼顾即时分配与长期合作。本篇对比多种拍卖模式，指出信息披露规则而非支付方式对交易效率起决定性作用。充分的信息流动可减少不对称性，提升供应商对数据价值的精准评估能力。共享式拍卖通过“现金+收益分成”组合支付，平衡即时收益与长期增值，推动数据生态系统的协作创新。

研究揭示，关联型数据需通过股权机制捕获潜在价值，而共享型数据依赖信息披露优化配置效率。两种机制均需完善隐私保护与法律框架支持。未来，动态拍卖设计、跨域数据整合及智能合约应用将成为深化研究的方向。本篇为数据驱动的资源配置提供了理论框架与实践启示，助力数字经济的高效发展与创新转型。

# 一、数据要素市场化配置中的特征

随着信息技术的迅猛发展和互联网的普及，数字经济已成为全球经济增长的重要引擎。在这一背景下，数据作为一种新型生产要素，其重要性日益凸显。在传统经济理论中，土地、劳动、资本和企业家才能被视为主要的生产要素。然而，数据的出现正在颠覆这一传统框架，成为推动经济发展的关键动力之一。

在数字经济时代，数据不仅是信息的载体，更是创造价值的核心资源。数据的收集、分析和应用可以极大地提高生产效率、优化资源配置，并推动创新。例如，在制造业中，通过对生产过程中的数据进行实时监控和分析，可以实现精细化管理和智能化决策，从而提高生产效率和产品质量。在服务业中，数据驱动的个性化服务能够更好地满足消费者需求，提高客户满意度和忠诚度。

数据的可复制性和低边际成本使其与传统生产要素有着本质区别。土地和资本等传统要素通常具有稀缺性和排他性，而数据则可以无限次使用，具有关联性和共享性。这种特性使数据能够在多个领域同时发挥作用，成为跨行业、跨领域创新的重要基础。

首先，数据改变了资源配置的方式。在传统经济中，资源配置往往依赖于市场价格机制，而在数字经济中，数据驱动的算法和模型可以实现更加精准和高效的资源配置。通过大数据分析，企业能够预测市场趋势，优化供应链管理，实现按需生产，从而减少浪费，提高效率。例如，亚马逊利用大数据分析来优化库存管理和配送路径，大幅提升了物流效率和客户满意度。

其次，数据重塑了企业竞争优势的来源。在传统产业中，规模经济和成本控制是企业竞争力的关键，而在数字经济中，数据的获取、处理和应用能力成为决定企业成败的核心因素。拥有大量高质量数据的企业能够更好地理解市场趋势和消费者行为，从而制定更具竞争力的战略。这种基于数据的洞察力使企业能够快速响应市场变化，推出符合消费者需求的新产品和服务。例如，Netflix 通过分析用户观看数据，精准推荐内容，极大地提升了用户体验和订阅率。

最后，数据还改变了劳动力市场的结构和需求。随着自动化和人工智能技术的发展，许多传统工作岗位正在被数据驱动的机器取代。同时，对数据科学家、分析师和工程师等新型人才的需求不断增加，这要求劳动力市场进行相应的调整和转型。教育体系需要适应这一变化，为学生提供更多关于数据分析和技术应用的课程，以培养未来所需的人才。

尽管数据的重要性不言而喻，但如何评估其价值、确定合理的定价机制以及建立有效的交易方式仍然是一个复杂且具有挑战性的任务。数据的价值往往取决于其质量、相关性、时效性以及使用方式和途径，同时也受到使用场景和目的的影响。因此，建立一套科学合理的数据价值评估体系至关重要。

定价机制的设计需要考虑数据的关联性、非排他性和可共享性等特点。传统商品的定价通常基于供需关系，而数据的定价可能需要更多地依赖于其潜在的商业价值和使用者的支付意愿。此外，数据隐私和安全问题也是定价过程中必须考虑的重要因素。为了保护用户隐私，数据交易平台需要实施严格的安全措施，并在定价中反映出这些额外的成本。

在数据要素交易中，供需双方的策略选择直接影响交易的效率和结果。对于数据提供方而言，根据数据的共享性属性，如何通过合理定价最大化数据的商业价值，同时保护数据隐私和安全，是其策略制定的核心。数据提供方需要评估市场需求，确定最优的定价策略，以吸引更多的买家，同时确保数据的合法使用。

对于数据需求方而言，通过识别数据赋能生产的价值，获取高质量、相关性强的数据是其关注的重点。需求方需要评估数据的可靠性和适用性，并在此基础上制定相应的采购策略。此外，需求方还须具备数据处理和分析能力，以充分挖掘数据的潜在价值。投资于数据分析工具和人才培训是确保数据能够转化为实际业务成果的关键。

因此，数据作为生产要素的重要性在数字经济背景下日益突出，其对传统生产要素的颠覆性影响不可小觑。研究数据要素的价值、定价和交易方式，以及供给双方的策略选择，不仅具有理论意义，也对实践具有重要指导价值。随着技术的进步和市场的发展，数据要素的研究将继续深化，为数字经济的繁荣发展提供坚实基础。

未来，我们可以期待更多创新的数据交易模式和定价机制的出现，以适应不断变化的市场需求和技术环境。通过持续的研究和探索，我们有望实现数据资源的最佳配置，推动各行各业的数字化转型和创新发展。

## 二、关联型数据要素的优化配置

所谓“关联型”数据，是指其价值和效用受到其他相关数据或因素的影响。这种关联性可以是直接的，也可以是间接的，甚至可能涉及复杂的多层次交互关系。在现代信息社会中，数据不再孤立存在，而是与各种外部因素紧密相连。例如，在金融市场中，某一股票的价格波动可能与宏观经济指标、行业动态以及公司内部管理等多重因素相关联。投资者在分析股票时，不仅需要关注公司的财务报表，还需考虑全球经济形势、政策变化、竞争对手的动态等。这些因素共同作用，决定了股票的市场表现。

又如，在广告行业中，广告点击量不仅取决于广告内容，还与受众特征、广告位置等因素密切相关。一个成功的广告投放策略需要综合考虑用户的兴趣爱好、浏览习惯、地理位置等信息，以便在合适的时间和地点展示最具吸引力的广告。同样，在制造业中，企业的生产效率可能依赖于市场需求信息和自身研发能力的结合。企业需要实时获取市场反馈，调整生产计划，同时不断提升技术水平，以保持竞争优势。

这种多维度的关联要求我们在设计数据交易机制时考虑这些复杂的交互关系。因此，基于数据的关联型属性，如何实现数据要素的有效配置成为一个重要且复杂的问题。具体而言，我们需要探索数据要素的价值、定价和交易方式等，以确保数据能够在合适的场景中发挥最大效用。

拍卖作为一种常用的资源配置机制，通过竞争性出价实现资源的最优分配。然而，传统拍卖模式通常假设商品的价值是独立的，这在处理关联型数据时显得力不从心。由于数据的价值受到其关联性的影响，传统的独立估值方法难以准确反映数据的真实价值。在广告行业中，单一的数据可能无法提供完整的用户画像，而需要结合多个数据源进行综合分析。广告商需要整合来自社交媒体、搜索引擎、购物平台等不同渠道的数据，以构建全面的用户画像，从而制定精准的营销策略。

同样，在制造业中，市场需求数据与企业研发能力的结合才能真正体现出数据的价值。企业需要将市场趋势、消费者偏好与自身的技术创新能力相结合，以开发出符合市场需求的产品。因此，理解和量化数据的关联性对于准确评估其价值至关重要。同时，我们需设计新的拍卖模型，包括竞拍与支付方式，以适应数据要素的关联属性。

股权式拍卖是一种创新的拍卖机制，特别适用于具有长期价值的数据要素。在这种机制中，数据需求方根据其对数据未来收益的预期，竞标一定比例的股权。这种方式能够更好地捕捉数据的潜在价值，同时激励需求方积极参与。通过 Myerson（1981）的最优机制设计框架，我们可以构建最优股权式拍卖机制。在传统的激励相容与个体理性的约束条件下，引入关联估值这一特殊设定，也为了更好地契合数据要素的关联属性。

在股权式拍卖中，数据需求方不仅是在购买数据的使用权，更是通过持有股权分享数据带来的长期收益。这种机制鼓励需求方深度挖掘数据的潜力，推动创新应用。例如，一家科技公司可能会通过竞标获得某项专利数据的部分股权，并利用该数据进行新产品的研发。如果新产品成功上市，公司不仅能从销售中获利，还能通过持有的股权分享专利数据的增值收益。

此外，股权式拍卖还可以促进数据供应方与需求方之间的合作。数据供应方通过出售部分股权，可以获得资金支持，用于进一步的数据收集和处理。而数据需求方则可以通过与供应方的合作，获得更高质量的数据和更深入的市场洞察。这种双赢的合作关系，有助于提高整个数据生态系统的效率和创新能力。

然而，实施股权式拍卖也面临一些挑战。首先，需要建立一个透明、公正的评估体系，以确定数据的初始价值和股权比例。其次，数据的隐私和安全问题也是不可忽视的，尤其是在涉及敏感信息的数据交易中。最后，法律和监管框架也需要不断完善，以适应快速变化的数据市场环境。

总之，随着数据在各行各业中的重要性不断提升，如何有效配置和利用关联型数据成为一个亟待解决的问题。股权式拍卖作为一种创新的机制，为数据交易提供了新的思路和方法。通过合理设计拍卖规则和激励机制，我们可以更好地挖掘数据的潜在价值，推动数字经济的繁荣发展。在未来，随着技术的进步和市场的成熟，股权式拍卖有望在更多领域得到应用，为数据驱动的创新注入新的活力。具体而言，从以下四个方面构建模型：

（1）考虑数据交易平台或数据供应商向市场上的潜在的 $n$ 个竞标者（数据需求方）出售数据，这些竞标者都是风险中性的个体。

（2）由于数据要素之间存在关联型，每个竞标者对数据要素资产的操作都有一个严格正的估值，用 $u_i(s_i, \boldsymbol{s}_{-i})$ 表示。这个估值是由竞标者自身的类型/信号以及其他竞标者的类型/信号共同决定的，而且是二次连续可微的。

（3）对于每个竞标者而言，信号 $s_i$ 是竞标者的私有信息，使用/操作数据要素会产生一个独立的操作成本 $v_i>0$。

（4）事前类型的随机变量条件密度为 $f(\boldsymbol{s})=f_i(s_i \mid \boldsymbol{s}_{-i})\cdot f_{-i}(\boldsymbol{s}_{-i})$ 及分布区

间为 $\boldsymbol{S} \equiv \prod_{i=1}^{n} [\underline{s}_i, \bar{s}_i]$。

上述设定展示了竞标者对数据要素的估值 $u_i$、操作成本 $v_i$ 及类型分布中的异质性。在此基础上，我们将进一步研究如何设计最优的非现金支付机制（股权式拍卖），以实现拍卖方最大化收益和配置效率的目标。通过对竞标者的估值、操作成本和类型分布进行综合考虑，我们将推导出最优的支付方式和相关机制，以确保交易的公平性和效率性。

不同于常见的现金支付方式，股权式拍卖体现为竞标者以股权竞标进行支付，即支付将通过拍卖资产或项目产生的未来现金流的实现来确定。这种支付模式目前在国有资产交易、技术转移转让等要素市场化拍卖中均非常常见。在每位竞标者使用自己持有的股权份额进行竞标之后，该机制将根据配置规则和股权转让规则明确中标人以及其股权转让份额。具体而言，股权式拍卖通过以下映射来刻画：

$$(\tilde{\boldsymbol{q}}, \tilde{\boldsymbol{p}}): \times \mathcal{B}_i \rightarrow [0, 1]^n \times [0, 1]^n$$

其中，$\mathcal{B}_i = [0, 1]$ 代表每位竞标者的股权竞标集合，同时满足 $\sum_i \tilde{q}_i(\boldsymbol{b}) \leqslant 1$。那么，在股权式拍卖（$\tilde{\boldsymbol{q}}, \tilde{\boldsymbol{p}}$）中，给定任意类型集合和竞标集合，竞标者和拍卖者的期望收益分别可记作：

$$\tilde{\pi}_i(\boldsymbol{b}, \boldsymbol{s}) \triangleq \tilde{q}_i(\boldsymbol{b}) \cdot \{[1-\tilde{p}_i(\boldsymbol{b})] \cdot u_i(\boldsymbol{s}) - v_i\}$$

以及

$$\tilde{\pi}_0(\boldsymbol{b}, \boldsymbol{s}) \triangleq \sum_{i=1}^{n} \tilde{q}_i(\boldsymbol{b}) \cdot [p_i(\boldsymbol{b}) \cdot u_i(\boldsymbol{s}) - v_0] = \sum_{i=1}^{n} \{\tilde{q}_i(\boldsymbol{b}) \cdot [u_i(\boldsymbol{s}) - v_i - v_0] - \tilde{\pi}_i(\boldsymbol{b}, \boldsymbol{s})\}$$

根据显示原理（Myerson，1981），考虑激励相容的直接股权拍卖机制。一个直接股权机制包含一个配置规则和一个股权支付规则（$\boldsymbol{q}, \boldsymbol{p}$）：$\boldsymbol{S} \rightarrow [0, 1]^n \times [0, 1]^n$，其中当给定竞标者的上报的任意类型（私有信息）集合 $\hat{\boldsymbol{s}} \in \boldsymbol{S}$ 时，$q_i(\hat{\boldsymbol{s}})$ 将刻画竞标者 $i$ 的获胜概率，同时 $p_i(\hat{\boldsymbol{s}})$ 将刻画其获胜后需支付的

股权占比。因此，当类型为 $\boldsymbol{s}_i$ 的竞标者报告类型为 $\boldsymbol{s'}_i$，且其余竞标者真实报告其类型时，其期望收益为：

$$\pi_i(s'_i,\ s_i,\ \boldsymbol{s}_{-i}) \triangleq q_i(s'_i,\ \boldsymbol{s}_{-i}) \cdot \{[1-p_i(s'_i,\ \boldsymbol{s}_{-i})] \cdot u_i(s_i,\ \boldsymbol{s}_{-i})-v_i\}$$

由此，进一步定义“可行的”数据要素交易的直接股权机制（后简单记作直接股权机制）。

**定义 1**：一个可行的直接股权机制（$\boldsymbol{q}$，$\boldsymbol{p}$）满足：①事后激励相容（诚实报价）约束：当观测到其他竞标者报价，类型为 $s_i$ 的竞标者诚实报告其类型是其最优选择，即对于任意 $i$，$s_i$，$s'_i$ 及 $\boldsymbol{s}_{-i}$，有 $\pi_i(s_i,\ \boldsymbol{s}_{-i}) \geqslant \pi_i(s'_i,\ s_i,\ \boldsymbol{s}_{-i})$；②事后个体理性约束：竞标者根据该直接机制报价在事后意义下（观测到其他竞标者报价）的期望收益非负，即对于任意 $i$ 及 $\boldsymbol{s} \in \boldsymbol{S}$，有 $\pi_i(s_i,\ \boldsymbol{s}_{-i}) \geqslant 0$。

根据广义包络定理（Milgrom and Segal，2002），可进一步刻画可行的直接股权机制的充分必要条件，并定义每位竞标者 $i$ 的条件虚拟估值函数，如下所示：

$$\phi_i(s_i,\ \boldsymbol{s}_{-i}) \triangleq u_i(s_i,\ \boldsymbol{s}_{-i}) - v_i \underbrace{- \frac{v_i \int_{\underline{s}_i}^{\bar{s}_i} f_i(s \mid \boldsymbol{s}_{-i}) \cdot u_i(s,\ \boldsymbol{s}_{-i}) ds}{f_i(s_i \mid \boldsymbol{s}_{-i}) \cdot u_i^2(s_i,\ \boldsymbol{s}_{-i})} \cdot \frac{\partial u_i(s_i,\ \boldsymbol{s}_{-i})}{\partial s_i}}_{\text{information rent}}$$

从而，关联型数据要素的最优配置问题可由如下数据要素供应商的收益最大化问题刻画：

$$\max_{\substack{0 \leqslant q_i(s) \leqslant 1 \\ \pi_i(\underline{s}_i, s_{-i})}} \int_S \sum_{i=1}^{n} q_i(\boldsymbol{s}) \{\phi_i(s_i,\ \boldsymbol{s}_{-i}) - v_0\} f(\boldsymbol{s}) ds - \int_S \sum_{i=1}^{n} \frac{u_i(s_i,\ \boldsymbol{s}_{-i}) \pi_i(\underline{s}_i,\ \boldsymbol{s}_{-i})}{u_i(\underline{s}_i,\ \boldsymbol{s}_{-i})} f(\boldsymbol{s}) ds$$

$$\text{s. t. } 0 \leqslant q_i(\boldsymbol{s}) \leqslant 1,\quad \sum_{i=1}^{n} q_i(\boldsymbol{s}) \leqslant 1$$

$$\pi_i(\underline{s}_i,\ \boldsymbol{s}_{-i}) \geqslant 0,\quad \forall \boldsymbol{s}_{-i} \in \boldsymbol{S}_{-i}$$

其中还需确保配置规则的非减性，即 $q_i(s_i,\ \boldsymbol{s}_{-i})$ 关于类型 $s_i$ 非减。求解上述优化问题，可得出如下最优直接股权机制：

（1）条件虚拟估值最大的竞标者获取数据要素；

（2）同时支付 $p_i^*(s_i, \boldsymbol{s}_{-i}) = 1 - \frac{v_i}{u_i[t_i(\boldsymbol{s}_{-i}), \boldsymbol{s}_{-i}]}$ 的股权给数据供应商。

从上述的分析中可以看出，关联型数据要素的最优配置基于一个核心目标，即通过运用了关联估值下最优股权拍卖设计的理论框架，实现数据供应商收益的最大化。通过这种方法，我们能够更好地理解如何在复杂的市场环境中有效配置数据资源。

接下来，我们将继续在数据供应商收益最大化的前提下，探讨另一类典型的数据要素——“共享型”数据要素的配置问题。

## 三、共享型数据要素的优化配置

所谓“共享型”数据，是指那些可能被多个实体或参与者共享的数据要素。在这种情况下，多方需要同时访问和使用这些数据。例如，患者的医疗信息通常需要在多个医生和医疗机构之间共享，以便提供连续和全面的医疗服务。一个病人在不同医院就诊时，其历史病历、过敏史、用药记录等信息需要在各个医疗机构之间流转，以确保治疗的有效性和安全性。此外，一些消费数据的供应商也需要参与到数据使用过程中，并分享后期数据要素产生的收益。例如，电商平台上的消费者购买行为数据可以被用于市场分析、广告投放和产品推荐，而这些数据的价值往往需要在平台、品牌商和广告商之间进行分配。又如，城市交通管理部门、导航服务提供商和物流公司都可能需要共享实时交通数据，以优化路线规划、提高运输效率和减少拥堵。

针对数据要素的共享性属性，同样可以考虑用拍卖的方式进行数据要素的优化配置。具体而言，当数据供应商在竞拍程序结束后，参与到事后投资或与中标的数据需求方开展后续合作时，就体现出了数据赋能生产后的共享属性。此时，我们将这种有着数据供应商与数据需求方共同后期参与的拍卖模式称为“共享式”拍卖。共享式拍卖不仅是传统意义上的资源分配工具，它还涉及数据供应商和需求方之间更深层次的合作关系。这种合作关系体现在数据的后续使用、收益分成及潜在的创新应用上。

在共享式拍卖中，数据供应商和需求方通过拍卖机制达成交易协议。基于精炼贝叶斯纳什均衡，从竞标阶段出发，可以考虑以下几种典型的拍卖模式：第一价格拍卖、第二价格拍卖（维克里拍卖）、全支付拍卖和英式拍卖。在第一价格拍卖中，每个竞标者提交一个密封报价，最高报价者获胜并支付其报价。这种模式鼓励竞标者根据自己的估值谨慎出价。而在第二价格拍卖中，最高报价者获胜，但只需支付第二高的报价，这种模式激励竞标者真实揭示其估值，因为他们支付的金额不取决于自己的报价。全支付拍卖则要求所有竞标者都需支付其报价，无论是否获胜，这种模式通常用于筹款活动，但在数据拍卖中也可用于激励更多参与者。英式拍卖则是公开竞价，竞标者逐步提高报价，直到无人愿意再加价为止，这种模式透明度高，适合于数据价值较为明确的场景。

在共享式拍卖中，数据需求方以现金支付（取决于上述拍卖规则）与事后收益分成的线性组合式支付数据供应方。这种支付方式反映了数据的长期价值和共享特性。数据需求方的均衡报价策略和拍卖方的事后激励及均衡投资策略至关重要。数据需求方需要根据自身对数据价值的评估，以及其他竞标者可能的出价，制定最优报价策略。在第一价格拍卖中，竞标者可能会低估其报价以避免支付过高的价格；而在第二价格拍卖中，竞标者则倾向于真实报价。

为了确保数据的有效使用和价值实现，数据供应商需要设计合理的激励机制，鼓励数据需求方积极投入资源进行数据分析和应用。这可能包括利润分享、技术支持或联合开发等形式。数据供应商和需求方在拍卖结束后，需要根据获得的数据制订相应的投资计划，以最大化数据的商业价值。这可能涉及技术研发、市场拓展或合作伙伴关系的建立。

通过对比不同拍卖模式和支付方式下的分配效率、社会剩余及交易双方收益，我们可以得出以下结论：第二价格拍卖由于其激励竞标者真实报价的特性，通常能够实现较高的分配效率。而英式拍卖由于其公开透明的过程，也有助于实现资源的有效配置。共享式拍卖通过结合现金支付和收益分成，有助于提升整体社会剩余。数据的共享使用和后续增值能够带来额外的经济效益和社会福利。对于数据供应商而言，选择合适的拍卖模式和支付方式能够最大化其收益，同时确保数据的安全和隐私保护。对于数据需求方而言，合理的报价策略和后续投资能够帮助其充分挖掘数据的潜在价值。

共享式拍卖在实际应用中具有广泛的前景。例如，在智慧城市建设中，政府可以通过共享式拍卖的方式，将交通、环境和公共设施等数据资源进行合理配置，以促进城市的可持续发展。在金融领域，银行和保险公司可以通过共享式拍卖获取客户行为数据，从而优化风险管理和产品设计。随着技术的进步和市场的发展，共享式拍卖的研究将继续深化。未来，我们可以期待更多创新的拍卖机制和支付方式的出现，以适应不断变化的市场需求和技术环境。通过持续的研究和探索，我们有望实现数据资源的最佳配置，推动各行各业的数字化转型和创新发展。

因此，共享式拍卖作为一种创新的资源配置工具，不仅能够实现数据的有效分配，还能促进数据供应商和需求方之间的深度合作。通过合理设计拍卖机制和支付方式，我们可以最大化数据的商业价值和社会效益，为数字经济的繁荣发展提供坚实基础。

在具体的模型设定中，考虑数据供应商将在竞拍程序结束后进行事后投资或与中标者开展后续合作，并协议以 $\alpha \in (0, 1)$ 的版税率进行事后收益分配。拥有共享属性的数据要素在交易后涉及买卖双方的后续行为颇为普遍。我们考虑数据的拥有者向市场中的 $n$ 个风险中性的潜在竞标者出售数据要素，此时，竞标模式均采取现金报价进行。此外，竞标者在参与竞标前获知自身类型信息 $\theta_i \in [0, \bar{\theta}]$，竞标者之间的私有信息相互独立且随机产生于分布函

数 $F$ 和相应的密度函数 $f$。在竞标结束后，拍卖方与中标者共同经营并最终共享收益，该最终收益 $V_i \in \mathbb{R}_+$，由中标者 $i$ 的类型和拍卖方的事后投资 $e$（数据要素的事后分享与运转）随机共同决定。我们将 $V_i$ 的条件均值表示为如下乘积形式：$\mathbb{E}[V_i \mid \theta_i, e] = \theta_i \cdot e$，此时，拍卖方的事后投资将产生 $c(e) = \frac{\lambda}{2} \cdot e^2$ 的成本（$\lambda > 0$ 代表成本敏感性参数）。具体而言，在共享式拍卖竞标结束后，拍卖方基于中标者的现金报价 $b_w$ 或支付情况 $p_w$，对中标者的类型进行推测，构建事后信念 $\mu(\cdot \mid s_w) \in \Delta([0, \bar{\theta}])$，其中 $s_w \in \{b_w, p_w\}$。随后，拍卖方由竞标后续的共享收益最大化，决定最优的事后投资，即：

$$e^*(s_w) = \frac{\alpha}{\lambda} \cdot \mathbb{E}[\tilde{\theta} \mid \mu(\tilde{\theta} \mid s_w)] \in \underset{e}{\operatorname{argmax}} \left\{ \alpha \cdot \mathbb{E}[\tilde{\theta} \mid \mu(\tilde{\theta} \mid s_w)] \cdot e - \frac{\lambda}{2} \cdot e^2 \right\}$$

其中，$\mathbb{E}[\tilde{\theta} \mid \mu(\tilde{\theta} \mid s_w)]$ 表示中标者类型的均值。因此，按照协议的版税率 $\alpha \in (0, 1)$，竞标者 $i$ 的内生（期望）估值记作 $(1-\alpha) \cdot \theta_i \cdot e^*(s_w)$，与此同时，给定任意现金报价集合 $\boldsymbol{b} = (b_1, \cdots, b_n)$，拍卖方的（期望）收益则表示为：

$$\hat{\pi}(r) = \sum_i t_i(\boldsymbol{b}) + \alpha \cdot \mathbb{E}[\tilde{\theta} \mid \mu(\tilde{\theta} \mid s_w)] \cdot e(s_w) - \frac{\lambda}{2} \cdot e^2(s_w)$$

基于上述模型设定，可以进一步研究数据要素的不同交易模式，即不同竞价拍卖方式在共享性属性下如何影响交易效率、交易双方收益及市场福利。在数据要素交易中，竞标者通过现金支付，因此支付方式之间的比较体现在竞价阶段的拍卖方式选择上，即密封竞拍或升序竞拍。这种选择直接影响到拍卖方在竞标程序结束后对中标者信息的获取。

典型的密封竞拍模式包括第一价格拍卖、第二价格拍卖和全支付拍卖。三者的共性在于，在竞拍阶段结束后，数据供应商可以基于获胜竞标者的最高报价推断其类型，从而做出后续投入的最优选择。以第二价格拍卖为例，刻画完美贝叶斯均衡如下：

（1）每位数据需求方（竞标者）的报价策略为：

$$\beta_{\mathrm{II}}(\theta_i)=\begin{cases}\dfrac{(1-\alpha)\cdot\alpha}{\lambda}\cdot\theta_i^2+\dfrac{(1-\alpha)\cdot\alpha}{\lambda}\cdot\theta_i\cdot\dfrac{F(\theta_i)}{(n-1)\cdot f(\theta_i)} & \text{for } \theta_i\geqslant\theta_r \\ \text{out} & \text{for } \theta_i<\theta_r\end{cases},$$

其中，最低进入类型为 $\theta_r=\sqrt{\dfrac{\lambda\cdot r}{\alpha\cdot(1-\alpha)}}$。

（2）数据供应商关于获胜者类型持有以下信念：

$$\mu_{\mathrm{II}}(b_w)=\begin{cases}\delta_{\theta_r} & \text{for } r\leqslant b_w\leqslant\beta_{\mathrm{II}}(\theta_r) \\ \delta_{\beta_{\mathrm{II}}^{-1}(b_w)} & \text{for } \beta_{\mathrm{II}}(\theta_r)<b_w<\beta_{\mathrm{II}}(\bar{\theta}) \\ \delta_{\bar{\theta}} & \text{for } b_w\geqslant\beta_{\mathrm{II}}(\bar{\theta})\end{cases}$$

同时选择以下事后投入：

$$e_{\mathrm{II}}(b_w)=\begin{cases}\dfrac{\alpha}{\lambda}\cdot\theta_r & \text{for } r\leqslant b_w\leqslant\beta_{\mathrm{II}}(\theta_r) \\ \dfrac{\alpha}{\lambda}\cdot\beta_{\mathrm{II}}^{-1}(b_w) & \text{for } \beta_{\mathrm{II}}(\theta_r)<b_w<\beta_{\mathrm{II}}(\bar{\theta}) \\ \dfrac{\alpha}{\lambda}\cdot\bar{\theta} & \text{for } b_w\geqslant\beta_{\mathrm{II}}(\bar{\theta})\end{cases}$$

在上述均衡下，可以进一步计算得出数据供应商此时的均衡收益：

$$\pi_{\mathrm{II}}(\theta_r,\ \alpha)=\int_{\theta_r}^{\bar{\theta}}\left[\frac{(2-\alpha)\cdot\alpha}{2\lambda}\cdot\theta^2-\frac{(1-\alpha)\cdot\alpha}{\lambda}\cdot\frac{1-F(\theta)}{f(\theta)}\cdot\theta\right]\mathrm{d}F^n(\theta)$$

为了深入分析不同支付方式对数据要素配置效率的影响，我们考虑一种与传统静态拍卖模式截然不同的情形，即以英式拍卖为代表的典型升序竞拍模式。在这种拍卖中，拍卖方逐步提高出价，竞标者根据当前出价决定是否继续参与竞标。拍卖过程持续进行，直到没有竞标者愿意再加价，此时出价最高的竞标者胜出，拍卖结束。

英式拍卖的一个显著特点是其动态性和透明度。拍卖方在整个过程中可以实时获取竞标者的出价信息，并根据这些信息灵活调整策略。这种逐步揭示信息的机制，与密封竞拍模式形成鲜明对比。在密封竞拍中，所有竞标者同时提交报价，拍卖方只能在开标后看到每个竞标者的出价，而最终只关注最高报价者的信息。在英式拍卖中，数据供应商能够观察到竞标者之间的竞争情况，这为他们提供了更丰富的信息背景。然而，最终的数据供应商只能获得中标者的支付金额这个单一信息。这意味着，尽管拍卖过程中信息流动较多，但最终的决策依据仍集中在最后的成交价格上。这种信息获取方式的差异直接影响了数据要素的配置效率。在密封竞拍中，由于竞标者无法得知其他人的出价，他们往往依赖自身估值和市场预期来决定报价，这可能导致保守出价或过高出价。而在英式拍卖中，竞标者可以通过观察他人的出价行为来调整自己的策略，从而更接近于真实的市场价值。这种动态调整能力有助于提高资源配置的效率，因为它减少了信息不对称带来的误判风险。

通过类似于第二价格拍卖下刻画的完美贝叶斯均衡，我们同样可以基于获胜者的最终支付价格 $p_w$ 刻画英式拍卖的完美贝叶斯均衡，同时推导得出在此均衡下的数据供应商的收益如下：

$$\pi_E(\theta_r,\ \alpha)=\ n\cdot\int_{\theta_r}^{\bar{\theta}}\int_0^{\theta}\left\{\frac{\alpha^2}{\lambda}\cdot\theta\cdot\mathbb{E}[\tau\mid\tau\geqslant\max\{\kappa,\ \theta_r\}]-\frac{\alpha^2}{2\lambda}\cdot\mathbb{E}^2[\tau\mid\tau\geqslant\max\{\kappa,\ \theta_r\}]+\frac{(1-\alpha)\cdot\alpha}{\lambda}\cdot\left(\theta-\frac{1-F(\theta)}{f(\theta)}\right)\cdot\mathbb{E}[\tau\mid\tau\geqslant\max\{\kappa,\ \theta_r\}]\right\}\mathrm{d}F^{n-1}(\kappa)\mathrm{d}F(\theta)$$

其中，给定任意保留价格 $r\geqslant 0$，最低进入类型由 $\theta_r\cdot\mathbb{E}[\theta\mid\theta\geqslant\theta_r]=\frac{\lambda\cdot r}{(1-\alpha)\cdot\alpha}$ 决定。

对比之下，我们发现 $\pi_{\mathrm{II}}(\theta_r,\ \alpha)\geqslant\pi_E(\theta_r,\ \alpha)$。换句话说，由于拍卖后信息结构的差异，当中标者的类型能够被准确推断时，数据供应商在拍卖后的投入将更精准地针对其后期收益最大化。这种精确性带来了更高的版税收益，同时也提高了中标者的事前内生估值，从而导致他们的预期出价更高。因此，数据供应商在第二价格拍卖中能够获得更高的收益。当数据供应商的后续投入无法被验证时，拍卖理论中的收入等价定理将不再适用。

总之，不同的拍卖方式将直接影响数据供应商在数据要素交易结束后对中标者信息的获取。密封竞拍模式限制了竞标者的出价信息，而升序竞拍模式则提供了更多的信息流动。我们将基于精炼贝叶斯纳什均衡的概念，分别刻画数据要素交易过程中不同拍卖模式下竞标者的均衡报价策略，以及数据供应商的事后激励与均衡投资策略。通过比较不同交易模式下的均衡收益，我们可以说明在具有共享属性的数据要素交易中，最优的交易机制选择。

初步结论表明，对于共享型数据要素的交易和配置而言，拍卖模式本身的支付规则对数据要素交易效率的影响有限，真正关键的是信息披露规则。如果竞标者能够充分披露信息，数据供应商将能更准确地评估数据要素的价值，从而做出更合理的出价。这不仅提高了交易效率，还减少了信息不对称的问题，并增强了市场竞争的公平性。

## 四、结语

在当今数据驱动的经济中，如何有效配置和交易数据要素已成为一个关键问题。通过对关联型和共享型数据要素的深入分析，我们可以更全面地理解这一复杂领域的动态。

我们先探讨了关联型数据要素的最优配置。这一分析以实现数据供应商收益最大化为核心目标，并运用了关联估值下最优股权拍卖设计的理论框架。在这种背景下，数据资源并非孤立存在，而是与其他市场因素紧密相连。因此，理解这些关联关系对于优化数据配置至关重要。通过采用先进的拍卖设计理论，我们能够识别出在不同市场条件下的最佳策略，从而确保数据资源被分配给那些能够最大化其价值的参与者。这不仅提升了数据供应商的收益，还促进了整个市场的效率。

在共享型数据要素的交易和配置中，我们发现拍卖模式本身的支付规则对交易效率的影响相对有限。真正的关键在于信息披露规则。共享型数据往往涉及多个利益相关者，其价值评估不仅依赖于数据本身，还取决于各方对市场环境的理解和预期。在这种情况下，如果竞标者能够充分披露信息，数据供应商将能更准确地评估数据要素的真实价值。这种透明度有助于减少信息不对称的问题，使所有参与者都能基于更完整的信息做出决策。信息披露的增强不仅提高了交易效率，还对市场竞争的公平性产生了积极影响。在一个信息透明的市场中，所有参与者都有平等的机会获取关键信息，这降低了因信息不对称导致的不公平竞争。同时，透明的信息流动也激励着市场参与者更加理性地进行报价和投资，从而形成一个健康的市场生态。

总之，通过对关联型和共享型数据要素的系统分析，我们不仅深化了对数据市场运作机制的理解，也为未来的数据治理和市场设计提供了见解。在这个快速发展的领域，持续的研究和创新将是推动市场效率和公平性的重要动力。

— 第五篇 —

# 数据要素流通平台的治理体系和治理机制

朱传奇

# 作者介绍

朱传奇，中山大学岭南学院副教授，兼任中山大学粤港澳大湾区数字经济与数据科学实验室副主任。于2013年获得波士顿学院的经济学博士学位，在宏观经济理论方面具有丰富的研究经验。主要研究方向包括经济周期、货币理论和科技创新政策。近年来，主持和参与国家和广东省自然科学基金项目多项，并在国内外知名期刊发表高水平论文多篇。

# 内容摘要

随着数字技术的飞速发展和数字化转型的加速推进，数据要素已经成为驱动经济高质量发展的关键生产要素。2020年3月，中共中央、国务院发布《关于构建更加完善的要素市场化配置体制机制的意见》，确立了数据的生产要素地位。数据要素的高效流通与价值释放不仅能够提高企业的效率和创新能力，更成为提升政府治理效能和优化公共服务供给的核心引擎。2022年12月，中共中央、国务院印发《关于构建数据基础制度更好发挥数据要素作用的意见》（以下简称《意见》），系统构建了涵盖数据产权、流通交易、收益分配和治理机制的制度框架，标志着我国数据基础制度“四梁八柱”的初步成型。在治理维度，“数据二十条”创新性地提出安全贯穿、多元共治的治理范式，强调通过政府引导、市场自律、社会监督的协同机制，构建有效市场与有为政府良性互动的治理格局。

当前数据要素流通平台面临三重治理困境：其一，安全风险与信任赤字交织，2020~2022年全球重大数据泄露事件年均增长17%，隐私侵犯案件量攀升引发市场参与主体信任危机；其二，平台垄断与市场失序并存，头部平台数据资源集中度超过70%，形成“数据孤岛”与“流量霸权”并存的非对称竞争格局；其三，制度供给与创新需求错配，现有治理体系在跨境流通、合规认证、收益分配等环节存在显著制度空白。这些系统性风险已形成“安全漏洞—市场失灵—创新阻滞”的负向循环，严重制约数据要素价值释放效能。

在此背景下，数据交易市场治理体系创新成为深化要素市场化改革的关键突破口，亟须通过构建“制度—技术—生态”三位一体的治理框架，破解确权难、定价难、互信难、监管难等基础性难题。本篇立足国家数据战略需求，聚焦数据要素流通平台治理体系的理论建构与实践路径，兼具学术前沿性与现实紧迫性。

本篇通过现状分析与文献综述，识别数据要素流通平台治理的核心问题，并基于数据要素理论基础和研究，提炼治理体系的设计原则，提出在多目标约束下保障安全、隐私与公平竞争的机制优化路径和政策建议。

## 一、数据要素流通平台的发展和治理现状

### （一）数据要素流通平台的类型与特点

中国数据要素交易市场是一个多层次、多维度的复杂体系，涵盖了不同的交易方式、市场类型和行业应用。数据要素作为一种新兴的生产要素，涉及社会经营活动中所有可以电子化记录、为使用者或所有者带来经济效益的数据资源。在狭义上，数据要素交易市场指的是为数据交易提供撮合、需求匹配等服务的具体场所或平台，如数据交易所或数据交易平台。而在广义上，这个市场包括了数据提供方、数据需求方、数据交易场所、数据交易技术支持方、第三方专业服务机构和市场监管方，以及数据要素交易行为本身。

数据要素流通平台的主要特点包括：

（1）多层次市场结构：中国的数据要素交易体系根据数据要素特性、经营主体特性及市场发展规律，形成了面向不同区域、不同行业经营主体及应用场景的多层次市场结构。

（2）交易方式多样性：包括场内集中交易和场外分散交易两种主要交易

方式。场内交易通常在特定的数据交易场所内完成，而场外交易则在交易场所之外，通常通过供需双方的直接点对点交易或依托第三方完成。隐私计算技术（如联邦学习）支撑了场外交易场景下的数据安全流通。

（3）技术支撑：数据要素流通平台依赖于云服务、隐私计算、人工智能等数字技术和数据中心等基础设施支撑。例如，联邦学习和多方安全计算技术的应用，使数据在“可用不可见”的前提下实现高效流通。

（4）监管政策：需要清晰、透明、一致的监管政策保障数据要素市场秩序。近年来，随着《中华人民共和国数据安全法》和《中华人民共和国个人信息保护法》的实施，数据交易的合规性显著提升，但企业合规成本也随之增加。

### （二）中国数据要素流通平台的发展历程和挑战

中国数据要素市场的发展简史是一段关于如何从数据的初步认识到完全实现其作为核心生产要素地位的故事。2014 年，“大数据”首次被写入中国政府工作报告，标志着国家层面对数据要素的重视程度开始上升。2020 年，国务院将数据与土地、劳动力、资本、技术并列为五大生产要素，这一决定标志着数据要素在中国经济中的地位被正式确立。此后，政府相继出台了一系列政策，支持数据交易市场的发展，鼓励数据开放和共享，促进数据资源的有效利用。

当前中国数据要素流通平台主要面临以下挑战：

（1）数据安全问题：在大数据时代，数据安全问题成为数据要素流通平台的核心挑战之一。数据泄露、数据贩卖等数据安全事件频发，为个人隐私、企业商业机密、国家重要情报等带来了严重的安全隐患。数据安全治理的目标是在合规保障及风险管理的前提下，实现数据的开发利用，保障企业数据管理业务的持续健康发展，确保数据安全与业务发展的双向促进。然而，数据安全治理领域存在技术能力不足、缺乏数据安全法律体系及相关人才资源匮乏等问题。

（2）隐私保护问题：隐私保护在数字化时代变得尤为重要。隐私侵犯事件的增加、技术快速发展、跨境数据流动问题、法规执行和制裁挑战，以及个人教育和意识不足等问题日益凸显。数据要素流通平台需要强化个人数据控制权、加强数据安全要求、提高监管和制裁力度、增强公众教育和意识，以及促进国际合作。

（3）统一数据管理规范和标准缺失问题：如我国科学数据标准体系研究指出，科学数据标准是科学数据长期获取、处理、保藏、加工以及可持续访问和共享利用的基础。科学数据标准化的程度也是衡量世界各国积累和有效利用科学数据资源水平的一个重要指标。然而，在标准体系建设过程中仍然面临着严峻的挑战，如标准研制工作缺乏统一指导与规划，标准覆盖领域不全等。

（4）数据安全保障机制不足问题：数据安全已成为数字经济时代最紧迫、最基础的安全问题，加强数据安全治理已成为维护国家安全和国家竞争力的战略需要。随着《中华人民共和国数据安全法》的正式颁布，数据安全在国家安全体系中的重要地位得到进一步明确。

（5）公正竞争环境缺乏问题：数据要素流通平台的公正竞争环境缺乏问题主要表现在数据资源的获取和利用上。需要通过政策引导和市场机制的完善，促进数据要素市场的公平竞争，防止数据资源的垄断和滥用。

因此，数据要素流通平台在发展过程中面临着数据安全、隐私保护和公平竞争等挑战，构建一个多目标的数据要素流通平台治理机制，以保障数据安全、隐私保护和公平竞争，显得尤为重要，从而促进数据要素市场的健康发展。

### （三）国内外数据要素流通平台治理体系与治理机制的比较分析

1. 国外数据要素流通平台治理体系与治理机制

在国际上，数据要素流通平台的治理体系和机制各具特色，主要体现在法律法规、市场运作模式和技术基础设施等方面。以美国为例，其数据要素市场主要遵循“政府引导、企业参与、市场运作”的模式，政府通过制定相关法律法规来引导市场发展，如《美国数据隐私和保护法案》和《联邦数据战略与2020年行动计划》等，这些法律为数据交易市场的建立和数据治理提供了框架支持。欧盟则通过《通用数据保护条例》（GDPR）等法规，强调数据隐私和安全，建立了较为完善的数据治理体系，推动数据的开放与共享，同时确保数据的安全性和个人隐私的保护。

此外，欧美国家在数据基础设施建设方面也投入了大量资金，建立了覆盖广泛、实时高效的数据平台，促进数据的采集、存储和处理。例如，欧盟建立了涵盖多个领域的“欧洲数据空间”，以推动数据在内部的自由流通。这些国家还注重培养数据要素市场的人才，通过设立数据科学和技术中心，推动数据科学教育，以满足市场对数据专业人才的需求。

2. 国内数据要素流通平台治理体系与治理机制

中国的数据要素流通平台治理体系正在快速发展，尤其是在政策引导和市场机制的双重作用下。自党的十九届四中全会首次将数据列为生产要素以来，中国政府相继出台了一系列政策文件，如《关于构建更加完善的要素市场化配置体制机制的意见》和《关于构建数据基础制度更好发挥数据要素作用的意见》，为数据要素市场的建设提供了政策支持。这些政策强调了数据的开放共享、市场化配置和安全治理，推动了数据要素的高效流通。

在具体实施层面，各省份积极探索数据交易平台的建设，形成了区域集中与差异化发展的局面。例如，贵阳大数据交易所作为全国首个大数据交易平台，自2015年成立以来，已成为数据交易的先行者，推动了数据资源的整合与交易。此外，国家层面已经建立了《中华人民共和国数据安全法》《中华人民共和国个人信息保护法》等法律法规，为数据交易提供了法律保障，确保数据的安全和隐私保护。

3. 国内外治理体系与治理机制的异同

通过对国内外数据要素流通平台治理体系与机制的分析，可以发现两者在法律法规、市场结构和技术支持等方面的异同。首先，在法律法规方面，欧美国家的法律体系相对成熟，涵盖了数据隐私保护、数据开放和数据治理等多个方面，而中国的法律体系仍在不断完善中，虽然已有《中华人民共和国数据安全法》和《中华人民共和国个人信息保护法》等法规，但在具体实施和监管上仍需加强。

其次，在市场结构方面，欧美国家的数据要素市场多由市场主导，政府主要起到监管和引导的作用，而中国则是政府主导、市场参与的模式，政府在数据交易市场中扮演着更为积极的角色，推动政策的实施和市场的发展。

最后，在技术支持方面，欧美国家在数据基础设施建设上投入较多，形成了覆盖广泛的智能数据平台，而中国虽然在数据基础设施建设上也取得了一定进展，但整体水平仍有待提升，尤其是在数据安全技术和隐私保护技术的应用上。

## 二、理论基础和研究进展

### （一）理论基础

数据要素流通平台的治理体系和治理机制主要涉及以下理论基础：

1. 数据产权理论

数据产权理论是数据要素流通平台治理体系的理论基石之一。数据产权涉及数据的拥有权、使用权和收益权等权利的界定和转让。在数字经济时代，数据作为一种新型的生产要素，其产权的界定对于数据要素市场的形成和发展至关重要。数据产权的特征包括信息内容、经济利益属性、专属于特定主体及生产要素价值。数据产权的分类主要涵盖数据资产、数据权益和数据产品。确定数据产权的原则包括合法、公平、效率和平衡，而路径则涉及完善数据产权法律制度建设、从权利的角度公平地对数据的利益进行分配、鼓励创新促进数据的利益分配效率，以及在数据治理中更多地采用对数据控制者制定行为规范来实现法律保护。

2. 数据流通交易理论

数据流通交易理论关注数据作为商品在不同主体间的流通和交易。数据要素的流通交易涉及数据的确权、定价、交易和监管等关键问题。数据要素的非竞争性和副产品特性是其区别于其他传统生产要素的核心特点和优势，规模收益递增和网络效应意味着数据要素在价值创造和分配中可以实现"1+1>2"的效果。数据要素的流通交易需要构建合理的激励机制，甚至在有发展必要时可单独设立"数据板"，推动一些拥有大量数据资产的企业在"数据板"上市，通过资本市场的汇集作用，使资本和数据要素的充分融合为数字经济更好赋能。

3. 数据要素治理理论

数据要素治理理论探讨如何在不同主体间实现数据的有效治理。治理体系的构建需要考虑治理理念、治理主体、治理客体、治理工具和治理目标五个方面。数据要素治理体系的总体设计需要围绕"规则—主体—客体—监管"四个维度，构建数据治理规则、培育新型交易生态、提升数据流通效率、完善市场监管机制。治理体系的构建旨在确保数据要素市场的公平高效、安全有序，并推动建立数据来源可确认、使用范围可界定、流通过程可追溯、安全风险可防范的数据可信流通体系。

4. 数据要素收益分配理论

数据要素收益分配理论关注数据要素在不同主体间的收益分配问题。数据要素的收益分配需要考虑数据要素的经济学新理论框架，该框架以数据为核心生产要素，涵盖了从流量、数据、创新到个性化服务的数字经济循环。

数据要素的非竞争性使其可以通过数据共享实现第三次分配，可通过鼓励行业协会、企业联盟和科研院所等社会组织与非营利性机构，开展数据共享开放、技术研发、权益保护和补偿等工作。数据要素分配的方式应是在按劳分配和按生产要素分配并存的前提下，建立强调效率属性的初次分配制度和突出公平属性的再分配制度。

### （二）研究进展

目前关于数据要素流通平台的治理体系与治理机制的研究主要集中在以下几个方面：

（1）数据安全与隐私保护：数据安全与隐私保护是数据要素流通平台治理的核心问题之一。目前，国内外学者主要从技术、政策和法律等方面对这一问题进行深入研究。例如，梁秀波等（2022）研究了基于区块链技术的数据安全存储和隐私保护机制；谢佶珍（2022）从政策层面探讨了数据安全与隐私保护的监管问题；朱军（2022）从法律层面研究了数据隐私的保护框架和机制。

（2）公平竞争与监管：公平竞争是数据要素流通平台治理的另一个重要问题。现有研究主要关注了平台之间的竞争策略、市场监管及反垄断政策等方面。例如，唐方成等（2024）运用博弈论方法分析了双边市场中的平台竞争策略；王庆德和乔夫（2023）从政策层面探讨了数据要素市场的监管问题；孙方江（2021）研究了反垄断政策对数据要素市场公平竞争的影响。

（3）数据要素市场的培育与发展：如何培育和发展数据要素市场也是不同平台模式下数据要素流通平台治理的一个重要问题。现有研究主要关注了市场供求关系、定价机制和交易模式等方面。例如，龚强等（2022）运用经济学理论分析了数据要素市场的供求关系；欧阳日辉和龚伟（2022）从实证角度研究了数据要素市场的定价机制；陈宏民等（2023）探讨了新型交易模式在数据要素市场中的应用和发展。

尽管已有研究取得了一定的成果，但仍存在以下不足：首先，缺乏对不同平台模式下数据要素流通平台治理体系的系统研究，现有研究主要关注某一特定领域或某一特定问题。其次，缺乏对治理机制的深入研究，尤其是在如何实现多元主体共同参与治理、如何发挥政府和市场的作用等方面缺乏深入探讨。

## 三、治理体系和治理机制的原则和构建

### （一）设计原则

1. 安全性原则

安全性原则是数据要素流通平台治理体系的核心原则之一。这一原则要求平台必须确保数据的完整性、机密性和可用性，以防止数据泄露、篡改和滥用。根据联合国经济和社会事务部提出的数据治理原则，有效性原则要求降低行政成本、提供更有效的公共服务，责任原则强调问责制和透明度。在我国的数据治理体系中，安全发展被视为重要一环，要求全面、系统、科学的数据治理体系构建，以统筹数据要素市场构建的最重要保障。

2. 隐私保护原则

隐私保护原则要求数据要素流通平台在收集、处理和使用个人数据时，必须尊重和保护个人隐私。这包括数据最小化、数据匿名化、数据加密等措施，以确保个人信息不被未经授权地访问、滥用或泄露。隐私保护不仅是法律法规的要求，也是维护公众信任和平台声誉的关键。

3. 公平竞争原则

公平竞争原则强调在数据要素流通平台中，所有参与者都应在公平的环

境中竞争。这意味着反对垄断和不正当竞争，确保数据资源的合理分配和有效利用。例如，丁晓东（2023）提出，数据具有聚合性、关联性、场景依附性、非竞争性与非排他性等特征，通过行为规制与治理而非简单确权，是实现数据公平利用的可行路径。

4. 透明度原则

透明度原则要求平台的治理流程和操作必须清晰且可供利益相关者监督。具体包括制定公开的数据策略、建立沟通渠道、实施可追溯的数据访问流程等。透明度有助于提升平台公信力，确保参与者了解数据管理方式及权责分配。

5. 可持续性原则

可持续性原则强调数据要素流通平台的治理体系和机制必须支持长期的可持续发展。这包括促进合规流通、优化数据要素供给侧改革，以及确保数据价值有序、健康、可持续地释放。可持续发展还涉及数据治理政策的适应性，能够应对数字化发展带来的新风险，以及由此引发的政策和监管方式变化。

### （二）治理体系和治理机制的构建

1. 数据产权制度的构建

数据产权制度的构建是数据要素流通平台治理体系的基础。根据《中共中央 国务院关于构建数据基础制度更好发挥数据要素作用的意见》（以下简称“数据二十条”），明确提出要建立数据产权制度，推动数据分类分级确权授权使用，促进数据要素的有序流通和交易。这一制度的核心在于“权利分置”，即通过界定数据资源持有权、数据加工使用权和数据产品经营权等，实现数据产权的结构性分置。这种方式不仅能有效保护数据来源者和处理者的合法权益，还能激励数据的开发和利用，推动数据要素市场化配置。

在实践中，数据产权的确立需要结合数据的特性，尤其是数据的非排他性和易复制性，制定相应的法律法规来保障各方权益。例如，建立数据产权登记机制，确保数据的来源和使用过程透明可追溯，从而增强市场参与者的信任感。

2. 数据流通交易制度的构建

数据流通交易制度是保障数据要素高效流通的重要机制。根据“数据二十条”，我国将建立合规高效、场内外结合的数据要素流通和交易制度。这一制度的构建应包括：①流通规则的完善：建立健全数据流通的法律法规，明确数据流通的准入标准和监管机制，以确保数据流通的合规性和安全性。②市场机制的引导：通过市场化手段促进数据的交易，鼓励企业和个人在合法合规的框架内进行数据交易，形成良好的市场生态。③跨境数据流通：随着全球化的发展，数据的跨境流通也日益重要。应建立国际合作机制，推动数据流通的标准化和互认，以适应国际市场的需求。

3. 数据要素收益分配制度的构建

数据要素收益分配制度的构建是实现数据价值共享的重要环节。根据“数据二十条”，数据要素的收益分配应体现公平与效率的统一，确保各参与方根据其贡献获得合理的收益。具体来说，这一制度应包括：①按贡献分配：建立数据要素按贡献参与分配的机制，确保数据的使用者和贡献者能够根据其对数据价值创造的贡献获得相应的收益。②市场评价机制：通过市场机制对数据要素的贡献进行评估，确保收益分配的公正性和透明度。③政府的调节作用：政府应在数据要素收益分配中发挥引导和调节作用，确保公共利益和社会公平得到保障，尤其是在涉及公共数据和个人信息时。

4. 数据要素治理制度的构建

数据要素治理制度的构建是确保数据要素市场健康发展的保障。有效的数据治理制度应包括：①多方协同治理：构建政府、企业和社会多方参与的数据治理模式，明确各方的责任和义务，形成合力推动数据治理的局面。②动态监管机制：建立动态监管机制，及时应对数据流通中出现的新问题，确保数据治理的灵活性和适应性。③技术支持：利用区块链等新兴技术提升数据治理的效率和透明度，确保数据的安全性和可追溯性。④公众参与：鼓励公众参与数据治理，提升社会对数据治理的认知和参与度，形成良好的社会氛围。

## 四、保障数据安全、隐私保护和公平竞争多目标约束下的治理体系与治理机制

基于前文的设计原则和构建策略，结合当下中国数据要素流通平台的挑战和问题，因此，本部分着重介绍保障数据安全、隐私保护和公平竞争多目标约束下的数据要素流通平台治理机制设计。

### （一）数据安全管理机制设计

为确保数据的安全性，需要建立完善的安全管理体系，包括安全策略、风险评估、访问控制等。同时，需要采用先进的数据加密技术、安全存储技术等，以保障数据的机密性和完整性。

首先，数据安全管理机制的构建是确保数据要素流通平台安全运行的基石。根据国内外的研究成果，一个完善的数据安全管理体系应包括组织建设、过程管理、技术支撑、治理评价和制度体系五个维度。组织建设涉及成立专门的安全治理组织和团队，承担体系建设、决策、执行和监督的职能。过程管理则包括资产梳理管理、治理流程管理、评价流程管理和监督流程管理等。技术支撑以数据安全标识技术为基础，依托数据全生命周期安全管控、数据资产综合管理、数据安全审计与稽核等技术。治理评价采用监督、审计、分析等手段对数据安全治理体系的建设、管理和运行情况进行评价。制度体系则包括政策规范、标准要求、实施指南、操作规程等。

其次，数据安全策略是指导数据安全管理的行动计划，它包括数据分类、数据保护级别定义、访问控制策略等。风险评估则是识别、分析和管理数据安全风险的过程。根据《数据安全风险评估方法浅析》，风险评估包括评估准备、风险识别、风险分析和风险评价。评估准备涉及评估对象、范围、边界的确定以及评估团队的组建。风险识别包括资产价值识别、数据处理活动要素识别、合法合规性识别、威胁识别、脆弱性识别以及已有安全措施识别。风险分析通过适当的方法与工具，得出数据安全事件发生的可能性及对组织的影响度。风险评价则依据风险值的等级，明确风险评估结果内容。

### （二）隐私保护机制设计

在数据流通与共享过程中，需要制定严格的隐私保护政策，保护个人隐私和企业商业机密。在具体实践中，可以采用匿名化处理技术、去标识化技术等手段，以降低隐私泄露的风险。同时，需要建立完善的投诉处理机制和赔偿机制，以应对可能出现的隐私侵权事件。

随着现代社会的发展，个人信息保护越来越得到关注和重视。隐私保护政策不仅需要遵守法律法规，如《中华人民共和国民法典》《中华人民共和国计算机信息网络国际联网管理暂行规定实施办法》等，还要从伦理的角度出发，保护个人信息的人格权、知情权和发展权。这些政策应当明确数据收集、处理和使用的范围和方式，确保个人隐私不被侵犯，同时也要考虑数据的合法合规性。

匿名化处理和去标识化技术是实现隐私保护的关键技术手段。隐私保护机制需要针对不同的服务质量需求，以不同的资源消耗代价，对不同的隐私信息采用不同的保护方案。匿名化处理是指通过技术手段处理数据，使数据主体无法被识别的过程，而去标识化则是移除或替换个人标识符，降低数据与个人身份关联度的过程。

另外，投诉处理与赔偿机制是隐私保护实践中的重要环节。相关法律法规规定了市场监督管理部门处理投诉举报的程序和要求，为保护消费者权益提供了法律依据。在数据要素流通平台中，应建立类似的机制，确保用户在隐私权益受到侵害时，能够通过投诉渠道寻求帮助，并在必要时获得相应的赔偿。

最后，隐私保护不仅涉及法律层面，还涉及伦理层面。必须强调个人信息保护的伦理逻辑，包括人格权的理解、知情权的意义和发展权的德性。在设计隐私保护机制时，需要综合考虑法律和伦理的要求，平衡个人信息保护与数据利用之间的关系，确保在保护个人隐私的同时，也能推动社会和经济的发展。

### （三）公平竞争机制设计

为营造公平竞争的环境，需要建立完善的竞争规则和监管机制。政府应加强对平台之间的竞争行为的监管力度，防止恶意竞争和垄断行为的出现。同时，需要建立公正的评价体系和奖惩机制，鼓励平台之间的良性竞争和创新发展。

在数字经济时代，公平竞争机制的设计对于维护市场秩序、促进经济健康发展具有重要意义。我国市场经济体制改革已进入“深水区”，市场竞争问题引发了广泛关注。政府和专家都在寻求解决方案，以确保市场竞争的公平性。公平竞争审查制度的建立，旨在从源头上厘清市场与政府关系的边界，绘制出基本的框架设计。该制度的亮点在于尝试采用自我审查的审查模式规制政府不当干预市场竞争的抽象行政行为，维护市场竞争秩序。因此，设计公平竞争机制时，需要明确竞争规则，强化监管机制，确保市场主体在平等的基础上进行竞争。

政府监管与反垄断是确保市场公平竞争的重要手段。习近平总书记强调，强化反垄断、深入推进公平竞争政策实施，是完善社会主义市场经济体制的内在要求。政府需要从构建新发展格局、推动高质量发展、促进共同富裕的战略高度出发，促进形成公平竞争的市场环境。这要求政府加强反垄断监管，依法查处垄断和不正当竞争行为，防止资本无序扩张，从而保障市场公平竞争秩序。

平台经济的快速发展带来了跨界竞争，这种竞争不仅模糊了市场边界，还激发了市场活力。大科技平台间的跨界竞争可以对彼此形成制衡，防止任何一家公司占据垄断地位。这种竞争有助于推动平台间的良性竞争与创新发展，促进经济的多元化和创新。因此，在设计公平竞争机制时，应鼓励平台间的良性竞争，同时制定相应的政策和措施，以促进创新发展和经济的持续增长。

### （四）激励多主体参与机制

为实现多元主体共同参与治理，需要建立多主体参与的机制。政府、企业、行业协会、专家学者等利益相关者应共同参与制定政策法规、标准规范等，共同推动数据要素流通平台的健康发展。

在数据要素流通平台中，多主体参与机制的设计至关重要。多元共治的主体包括中央政府、地方政府、企业和市场主体、社会组织及公民个体。在数据要素流通平台中，这些主体的角色和责任如下：

（1）中央政府：制定国家层面的数据政策和法规，推动数据标准化，保障国家数据安全和利益。

（2）地方政府：执行中央政策，根据地方实际情况制定具体措施，推动地方数据产业发展。

（3）企业和市场主体：作为数据的生产者和使用者，负责数据的收集、处理和交易，同时承担数据安全和隐私保护的责任。

（4）社会组织：提供行业自律、政策倡导和公众教育等服务，促进数据要素市场的健康发展。

（5）公民个体：作为数据的产生者，享有数据权利，包括知情权、访问权和控制权。

多主体参与机制要求在政策法规和标准规范的制定过程中，各利益相关者能够共同参与。构建完善的数据基础制度体系是促进数据要素市场化的关键。这包括推动数据资源的整合与开放，优化数据资源配置，提升利用效率。共同制定的政策法规应涵盖数据确权、数据安全、数据合规成本等问题，以确保数据要素市场的公平性和透明性。

实施多主体治理面临着一系列挑战。多主体治理的实施需要解决如何确保各主体间的有效沟通、如何平衡不同主体的利益，以及如何建立信任和合作关系等问题。在数据要素流通平台中，这涉及数据的共享、交易和流通，需要建立一个多方参与的数据治理框架，以促进数据的合理利用和保护。

### （五）动态调整机制设计

在数据要素流通平台的背景下，技术进步和社会环境的变化对治理机制的影响是深远的。技术进步，特别是信息技术和通信技术的发展，极大地促进了数据的生成、存储、处理和分析能力。这要求治理机制能够适应快速的技术变革，在确保数据安全和隐私保护的同时，促进数据的自由流通和有效利用。社会环境的变化，包括全球化、数字化转型以及新的商业模式的出现，也对治理机制提出了新的要求。治理机制需要足够灵活，以适应不断变化的市场条件和用户需求。

有效的信息收集和反馈分析是动态调整机制设计的关键组成部分。数据要素流通平台需要建立一个全面的信息系统，以收集关于市场趋势、用户行为、交易模式等方面的数据。这些信息不仅有助于平台运营者做出基于数据的决策，而且对于监管机构来说，也是评估市场健康和制定政策的重要依据。反馈分析则涉及对收集到的数据进行深入分析，以识别问题、评估风险和优化治理策略。

动态调整机制的实施需要一个明确的框架，包括调整的内容、依据和方式。平台可能需要根据市场和政策的变化，调整数据访问权限、交易费用和安全协议等。调整的依据应该是多维度的，包括市场反馈、技术评估和政策指导。实施后，需要对调整的效果进行评估，以确保调整达到预期目标，并为未来的调整提供经验教训。

治理机制的优化需要不断地适应市场和社会的需求。这要求数据要素流通平台能够灵活地响应外部变化，包括技术进步、市场动态和用户需求的变化。优化策略可能包括更新数据安全协议、改进用户隐私保护措施、调整数据访问政策等。此外，平台还需要建立一个持续的学习机制，以确保治理策略能够跟上最新的技术发展和社会变化。

## 五、结论和政策建议

### （一）研究结论

本篇综合分析了数据要素流通平台治理体系与治理机制的构建，得出以下结论：①数据产权制度是数据要素市场的基础，需通过“权利分置”明确数据资源持有权、数据加工使用权、数据产品经营权的运行规则，并建立公共数据、企业数据、个人数据的分类分级确权授权机制，为数据要素流通提供制度保障。②数据流通交易制度需实现可信流通：通过“来源可确认、范围可界定、过程可追溯、风险可防范”的规则设计，构建合规高效、场内外结合的数据流通交易制度，提升数据要素市场化配置效率。③数据要素收益分配制度需平衡公平与效率：在按劳分配与按要素分配并行的框架下，建立市场评价贡献的初次分配机制与政府调节公共利益的再分配机制，确保数据价值分配的公平性。④数据要素治理制度需多方协同：以“规则—主体—客体—监管”四维框架为核心，形成有效市场与有为政府结合的治理格局，推动数据要素市场的安全、有序与可持续发展。

### （二）政策建议

1. 强化数据安全治理

数据处理者应当依法识别、申报重要数据，并在境外提供数据时遵守相关法律法规。建议加强数据安全保护义务，采取技术措施和其他必要措施保障数据出境安全，并在发生或可能发生数据安全事件时采取补救措施并及时报告。此外，应建立健全全流程数据安全管理制度，提升数据安全治理和数据开发利用水平，促进数字经济的发展。

2. 优化隐私保护实践

应加大数据处理违法行为的处罚力度，建设重要数据管理、行业自律管理、数据交易管理等制度。建议明确数据安全负责人和管理机构，定期开展风险评估并向有关主管部门报送风险评估报告，以保护个人隐私和确保数据安全。

3. 构建公平竞争生态

根据《推动数据高效流通促进数据要素市场高质量发展》① 一文，建议加大反垄断和反不正当竞争的执法力度和执法水平，确保数据要素市场正常有序规范竞争。同时，推动数据要素依据市场价格、交易规则、市场竞争实现效益最大化和效率最大化。

4. 推动多方协同治理

建议构建“政府、企业、社会”多方协同治理规则，明确企业主体责任和义务，强化企业责任意识，建设行业自律机制，规范市场发展秩序。同时建议动态调整各项市场制度以符合未来产业的特征，探索寓治理于服务的未来产业治理模式，创新适应未来产业发展的政策举措。同时，应建立在未来产业发展中强化正向激励，建立试错容错机制，大力营造鼓励创新、宽容失败、敢闯敢试的创新文化与发展环境。

① 付宏伟．推动数据高效流通促进数据要素市场高质量发展［EB/OL］．国家发展改革委，https：//www.ndrc.gov.cn/xxgk/jd/jd/202212/t20221219_1343662.html，2022-12-20.

— 第六篇 —

# 全球视角下的数据要素跨境流通监管模式分析

张一帆　毕青苗

## 作者介绍

张一帆，中山大学商学院副教授，中山大学金融学博士。主要研究方向为文本分析与机器学习方法应用、资产定价、不确定性等议题。主持国家自然科学基金青年项目、广东省自然科学基金面上项目、博士后基金面上项目。研究成果发表于《经济研究》《金融研究》和 *Journal of Banking & Finance*、*Journal of Applied Econometrics* 等刊物。

毕青苗，经济学博士，中山大学岭南学院副教授，硕士生导师。研究成果发表在《经济研究》和 *China Economic Review* 等期刊。主持国家自然科学基金项目，参与多项国家社会科学基金重大项目，出版《中国营商环境企业调查》等系列报告，获得广东省哲学社会科学优秀成果奖。

## 内容摘要

数据跨境流动关乎经济增长与国家安全，如何更好地统筹发展与安全，通过科学合理有效的监管保障数据安全有序流动是中国当前面临的重大战略问题。本篇立足全球视野，在与世界主要经济体的比较中研究分析了中国数据跨境流动监管的进展。从全球来看，由于各国利益诉求不一、法律体系不一，目前尚未构建起一套统一的数据跨境流动标准和规则。从各国典型做法来看，基本是在数据自由流动的经济利益和安全风险之间寻求平衡。目前主要形成了以美国为代表的数据自由主义、以欧盟为代表的数据保护主义、以新加坡和中国为代表的数据发展主义三种典型监管模式。与其他经济体相比，中国数字化服务贸易规模大，但数据跨境流动监管方面起步较晚，面临与现有规则对接、政府多部门协同监管、数据平台管理等问题。本篇据此提出完善数据清单、明确监管部门、数据分级审查、加快国际合作和推动试点区域等建议。

数据跨境流动是指跨越国界的个人信息及企业数据的传输、访问或处理过程。随着全球数字经济的迅速发展，数据成为各国经济和科技竞争的核心要素，而数据跨境流动则是全球化背景下，数据在不同国家和地区之间流动的必要过程。尤其在大数据、云计算、人工智能等技术日益成熟的今天，数据跨境流动的频繁性和复杂性对全球经济、国际治理及国家安全等方面产生了深远的影响。

在此基础上，数据跨境流动监管是指对数据从一个国家或地区流向另一个国家或地区的过程与可能产生的结果进行监督和管理的活动。这种监管涵盖了各种形式及类型的数据，包括个人数据、商业数据、科研数据等，其目的是尽可能地维护数据跨境流动的合法性和安全性。由于各国数字经济发展水平不一、利益诉求不一、法律体系不一，目前全球尚未构建起一套统一的数据跨境流动标准和规则，主要是通过双边、多边协议来实现跨国跨地区间的利益协商和标准统一，保障数据跨境的有序自由流动。

本篇将探讨数据跨境的定义及其面临的监管挑战，尤其是涉及法律合规、数据主权、隐私保护以及技术和文化差异等方面的新问题。立足全球视野，本篇在与世界主要经济体的比较中研究分析了中国数据跨境流动监管的进展和需要努力的方向。从各国典型做法来看，基本是在数据自由流动的经济利益和安全风险之间寻求平衡。本篇总结了以美国为代表的数据自由主义、以欧盟为代表的数据保护主义、以新加坡和中国为代表的数据发展主义三种典型监管模式。与其他经济体相比，中国数字化服务贸易规模大，但数据跨境流动监管方面起步较晚，面临与现有规则对接、政府多部门协同监管、数据平台管理等问题。最后，本篇基于对比分析，为中国数据跨境流动监管提出相关政策建议。

# 一、数据跨境流动定义及其监管挑战

## （一）数据跨境流动的概念范围

根据2024年3月国家互联网信息办公室发布的《数据出境安全评估申报指南（第二版）》的定义，数据跨境流动可以分为三种具体情形：跨境传输、跨境访问和跨境处理。

第一，跨境传输，“数据处理者将在境内运营中收集和产生的数据传输至境外”。跨境传输是数据跨境流动最基本的形式，指的是在境内收集或产生的个人信息和其他数据，经过网络或其他方式传输至境外。简单来说，这种情况涉及数据的“物理”迁移，即数据从一个国家的服务器或数据中心传输到另一个国家的服务器。跨境传输通常涉及数据存储和处理的地域分布，尤其是跨国公司和国际组织将数据存储在不同国家的数据中心，可能会因为技术、法律、市场等多个方面的原因而产生数据流动需求。比如，许多全球互联网公司在全球范围内建设云计算基础设施，便于数据的跨境传输与使用。然而，这种数据流动也可能带来数据泄露、滥用及跨境监管等问题。

第二，跨境访问，“数据处理者收集和产生的数据存储在境内，境外的机构、组织或者个人可以查询、调取、下载、导出”。在此情形下，数据并未离开境内，而是通过互联网等手段，由境外主体进行访问。跨境访问更加注重数据的可得性和使用性。常见的跨境访问情形包括外国公司提供的云服务，或者境外公司通过API接口对境内存储的数据进行访问。这种方式不同于跨境传输，数据依然存储在境内，只是允许外部主体进行操作或使用。跨境访问不仅是信息流动的一个重要形式，也为国际合作、数据共享及技术创新提供了新的途径。然而，这种数据跨境访问也可能面临数据主权、安全等问题，因为境外主体的访问可能不受境内法律法规的制约。

第三，跨境处理，“符合《中华人民共和国个人信息保护法》第三条第二款情形，在境外处理境内自然人个人信息等其他数据处理活动”。《中华人民共和国个人信息保护法》第三条规定，在中国境外处理中国境内自然人个人信息的活动，如果“以向境内自然人提供产品或者服务为目的”，或者属于“分析、评估境内自然人的行为”，也适用本法。为此，跨境处理是指境外机构或个人对存储在中国境内的数据进行处理的行为。数据并不是离开中国境内，而是由境外主体参与处理、分析或者利用。这种情况通常发生在数据的计算、分析等环节，尤其是当企业希望利用境外的先进技术进行数据处理时。例如，跨国公司可能会将数据传送到境外进行数据分析、机器学习或AI 训练等。跨境处理能大幅提升数据利用效率，推动创新与合作，但也对数据的安全性和隐私保护提出了更高的要求，特别是如何保障境外处理方在数据处理过程中不违反本国的数据保护法规。

### （二）数据跨境流动面临的挑战

随着全球化与数字化的加速推进，数据跨境流动在国际经济合作和技术创新中扮演着日益重要的角色。然而，这一过程也引发了多重挑战，涉及法律合规、数据主权、隐私保护及技术和文化差异等方面。这些问题不仅对企业的运营和发展提出了严峻考验，也对国家的安全、个人隐私及经济利益构成了潜在威胁。

第一，法律政策的差异与合规风险。各国对数据跨境流动的法律法规差异显著，直接导致了企业在跨境运营中的合规难题。一些国家和地区（如欧盟）实施严格的数据保护法规，例如《通用数据保护条例》（GDPR）要求数据跨境流动必须符合特定条件，即获得用户明确同意或实施充分的数据保护保障。而另一些国家和地区则更关注数据本地化，要求关键数据必须存储和处理在本国。这种法律政策的不一致，增加了企业在不同司法辖区间运营的复杂性。例如，一家跨国公司可能需要满足中国的《数据出境安全评估申报指南》与欧盟的GDPR，同时还要应对美国的数据获取法律可能对其数据安全带来的威胁。这种多重合规要求不仅显著提高了企业的运营成本，还可能因误解或疏漏引发高额罚款或法律诉讼。

第二，数据主权与隐私保护争议。数据跨境流动对数据主权和隐私保护提出了新的挑战。数据主权是指国家对本国数据的控制权，而跨境流动可能削弱了这一权力。例如，当本国公民在境外进行数据存储或处理时，可能受到境外政府或机构的监控和利用。这引发了国家对数据泄露、滥用及潜在威胁的担忧。与此同时，个人隐私的保护也因跨境流动而变得更加复杂。一方面，不同国家对隐私的定义和保护力度存在显著差异，例如欧洲重视隐私权而美国倾向于强调数据的商业价值；另一方面，数据一旦跨境流动，隐私保护的有效性可能受到削弱，尤其是在数据可能被境外非法使用或出售的情况下。

第三，技术壁垒与文化差异。数据跨境流动的技术实现也存在难题。例如，不同国家的网络基础设施发展水平、技术标准和数据加密手段的差异，可能导致数据传输过程中的安全风险。此外，语言和文化的不同也可能成为数据跨境合作的障碍。例如，在数据共享或分析时，不同国家的法律用语和商业惯例可能导致误解或摩擦，削弱跨国协作的效果。这些技术和文化上的差异，特别是在涉及敏感数据或高科技领域时，可能被利用为非关税壁垒，进一步加剧全球范围内的数据保护主义趋势。各国的不同需求与能力也使在技术层面上形成统一标准困难重重。

第四，数据安全与全球化平衡。如何在全球化与安全之间找到平衡点，是数据跨境流动监管的核心议题。一方面，数据跨境流动是国际贸易、技术合作的重要基础；另一方面，开放的数据流动又可能为数据泄露和恶意利用提供机会。例如，企业可能因数据传输渠道中的安全漏洞而遭受攻击，或因境外存储机构的弱管理导致数据外泄。因此，守牢数据安全底线成为数据跨境流动的关键任务。这不仅要求企业和政府在技术上加强数据加密与访问控制，还需要制定国际性的数据监管合作机制，确保数据流动既高效又安全。

## 二、全球数据跨境流动监管现状

本篇以下主要从国际组织、区域性经济集团和主要经济体三个层面，分别梳理目前数据跨境流动监管的现状。

### （一）国际组织与国际条约的相关内容

1. 经济合作与发展组织（OECD）

1980 年至今，OECD 颁布了一系列关于数据隐私和数据跨境流动的指导文件，其中被讨论最多的有两份，一份是 1980 年发布的《关于隐私保护与个人数据跨境流通指引》（*OECD Guidelines Governing the Protection of Privacy and Transborder Flows of Personal Data*），该文件首次提出了一套关于个人数据保护的国际标准和准则，强调了个人数据保护的重要性，并提出了在数据跨境流动方面的原则，包括明确个人数据的用途、数据安全和透明度原则等。另一份是 2013 年发布的《OECD 隐私框架》（*The OECD Privacy Framework*），强调各国执法机构之间在信息共享、调查协助和跨境执法等方面的合作，确保在数据跨境流动的背景下保护个人隐私。OECD 的一系列指导文件为各国政府和企业提供了关于数据跨境流动和个人隐私保护的重要参考，但只是建议性的准则，并非具有法律约束力，在实施和执行过程中需要各国政府自行决定程度、范围等具体细节。

2. 世界贸易组织（WTO）

世界贸易组织并没有直接颁布关于数据要素跨境流动的具体监管规定或条约，但在数字贸易领域有一些与数据要素跨境流动相关的协定和倡议。从各国限制数据流动的角度来看，1995 年生效的《服务贸易总协定》（*General Agreement on Trade in Services*）包含了“隐私例外”和“安全例外”要求，如果符合这些例外条款，则有关限制数据跨境流动的监管措施将不构成违反世界贸易组织规则，成员方完全可以根据自身的利益需求采取不同的隐私保护标准。从推动数据跨境流动的角度来看，2019 年由世界贸易组织成员方发布的《关于电子商务的联合声明》（*Joint Initiative on E-Commerce*）倡导通过各种措施促进数据的自由、安全和可预测的跨境流动，以支持数字经济的发展。因此，尽管世界贸易组织没有直接颁布针对数据要素跨境流动的具体监管规定，但它在数字贸易领域的工作和倡议仍然对数字经济的发展和数据流动产生了影响，并在一定程度上推动了相关的国际合作和标准制定。

3.《全面与进步跨太平洋伙伴关系协定》（CPTPP）

《全面与进步跨太平洋伙伴关系协定》（CPTPP）是由原 11 个《跨太平洋伙伴关系协定》（TPP）成员国于 2018 年达成的新协议。关于数据跨境的规定集中于第十四章“电子商务”，这一章节为数据跨境设立了单独条款。CPTPP 提出，每一缔约方应鼓励建立促进这些不同体制之间兼容性的机制，包括对监管结果的承认，促进各机制之间的兼容性。此外，CPTPP 强调“永久性”免征电子传输关税，还明确要求涵盖电子传输的内容即数字产品。CPTPP 对允许通过电子方式跨境传输信息，不强制将数据本地化作为在其领土内开展业务的条件，不强制开放源代码等进行规定，以促进数据在各缔约国间自由流动。

4.《区域全面经济伙伴关系协定》（RCEP）

《区域全面经济伙伴关系协定》（RCEP）是由东盟十国和中国、日本、韩国、澳大利亚、新西兰共 15 个亚太国家于 2020 年签署的协定。其中，关于数据跨境的规定主要集中在第十二章“电子商务”，该协议原则上倡导和鼓励数据跨境的自由流动，规定缔约方不对电子传输征收关税，不得强制将数据“本地化”作为在该缔约方领土内进行商业行为的条件。即使是针对关键的金融领域及电信领域，RCEP 也原则上鼓励数据自由跨境流动。但与此同时，RCEP 考虑到各国在数字经济和数据治理水平方面的差异，也做出了例外规定，如允许各缔约国基于“实现合法的公共政策目标”及“保护基本安全利益”采取必要限制措施。

5.《数字经济伙伴关系协定》(DEPA)

《数字经济伙伴关系协定》(DEPA) 是 2020 年由新西兰、智利和新加坡签署的协议，是全球第一个关于数字经济的专项协定，一定程度上为全球数字经济制度提供了模板。DEPA 深度借鉴了 CPTPP 中的数字贸易条款并对其进行细化归类，涵盖了商业和贸易便利化、数字产品待遇、数据问题、数字身份、新兴趋势和技术、创新和数字经济、数字包容性等内容。在监管方面，DEPA 对个人信息保护法律框架应包含的原则做出了规定，原则上要求允许数据（包括个人信息）跨境自由流动，禁止要求数据本地存储或处理，并且不对电子商务用户违反个人信息保护规定的行为采取歧视性做法。在促进不同个人信息保护体制的兼容和交互方面，DEPA 对各自法律框架下的可信任标志或认证框架所提供的保护给予适当承认，或建立缔约方之间个人信息转移的其他途径。此外，DEPA 鼓励企业采用数据保护可信任标志，并推动各缔约国间对他国数据可信任标志的承认。中国已于 2022 年 8 月成立加入 DEPA 工作组，全面推进中国加入 DEPA 的谈判。

### （二）区域性经济集团的主要实践

1. 欧盟：严格的数据隐私保护

欧盟一直是世界上对个人数据保护最严格的地区之一。欧盟对数据确立了二元架构——个人数据与非个人数据，以平衡自然人人权与数据流动、开发的关系。欧盟将个人数据视为基本人权，从人权保护的层级看待个人数据保护与数据跨境流动。个人数据拥有知情同意权、修改权、删除权、拒绝和限制处理权等权益，对于非个人数据，企业作为数据生产者享有所有权、利润权、市场进入权等数据权益。欧盟最为重要的一项法规是2018年5月25日强制实施的《通用数据保护条例》（GDPR），这一法规涵盖了个人数据的处理、传输和保护等方面，强调了数据主体的权利，要求个人数据的跨境传输必须符合特定的条件，包括与接收方国家的数据保护水平是否足够等。

欧盟数据跨境流动监管起步较早、框架相对完善。具体而言，在法规上，除GDPR外，还包括《非个人数据自由流动条例》《网络安全法案》等一系列条例和法案，用于规范数据跨境转移的法律关系，确保在数据传输过程中遵守的要求。在机构上，欧盟具有独立数据保护机构欧盟数据保护委员会（European Data Protection Board，EDPB），负责发布关于GDPR核心概念解释的指南，并通过对有关跨境处理活动的争议做出具有约束力的决定来进行裁决，确保在整个欧盟范围内统一应用数据保护规则，并促进欧盟数据保护机构之间的合作，以应对众多成员国在不同主权下的政策制定、理解、执行一致性难题。同时，每个欧盟成员国都设立了数据保护权威机构，负责监督和实施数据保护法规，处理与数据跨境流动相关的投诉和争议，任何违反GDPR规定的数据跨境流动可能会面临严厉的处罚。在对象上，欧盟坚持“充分水平保护”规则，欧盟企业在进行数据跨境流动时必须确保目的地国家或地区的数据保护水平符合欧盟的标准。

2. 东盟：兼顾数据安全与流通

东盟国家充分认识到数据跨境流动对数字经济发展的重要性，同时也意识到数据保护是保障个人隐私权和数据安全的关键。因此，东盟选择从数据保护入手，统筹数字经济发展与数据保护，以达到既促进数字经济发展又保护安全的目标。

东盟各国在数字一体化总体框架下，共同制定相关政策和法规，推动数字基础设施的建设，提升了数字经济的发展水平。具体而言，东盟于2016年出台《东盟个人数据保护框架》（*ASEAN Framework on Personal Data Protection*），提出保护数据、支持数字贸易和创新；2018年制定《东盟数字信息治理框架》（*ASEAN Framework on Digital Data Governance*），促进东盟数据跨境流动认证，以及地区的数字信息互联互通；2019 年颁布《东盟数据跨境流动机制》（*ASEAN Cross Border Data Flows Mechanism*），明确将重点建立东盟示范合同条款和东盟数据跨境流动认证两个机制；2021 年出台《东盟数据管理框架》（*ASEAN Data Management Framework*）和《东盟数据跨境流动示范合同条款》（*ASEAN Model Contractual Clauses for Cross Border Data Flows*），促进各成员国国内数据保护政策一致化，推进数据管理指标考核、建立数据跨境传输评估标准。需要指出的是，《东盟个人数据保护框架》虽然是东盟出台的首个专门针对个人数据保护的区域层面的规制，但该框架对各成员国并不具有国际和国内的法律约束力，仅作为指导性文件为各成员国提供数据治理合作的框架基础，旨在灵活适应各成员国在数据保护监管方面的不同成熟度。

3. 亚太经合组织：推动成员国互信

《APEC 隐私框架》（*APEC Privacy Framework*）是 APEC 成员方之间达成的一项协定，旨在促进在数字经济时代个人数据的保护和流动。在《APEC 隐私框架》中，既确认了个人数据自由流动对于推动经济增长和创新的重要性，也强调了对个人数据隐私保护的重要性。具体而言，《APEC 隐私框架》要求数据跨境传输必须在合法的基础上进行，包括在数据传输前获得数据主体的同意、遵循法律法规和合同约定等，成员方和相关方被要求向数据主体提供充分的信息，让他们了解其个人数据如何被收集、使用和传输，并确保对数据负有合适的责任。《APEC 隐私框架》旨在为成员方提供一个共同框架，鼓励成员方加强合作，推动互操作性标准和机制的制定，以促进数据流动和数据保护之间的平衡。

### （三）主要经济体的典型做法

1. 美国：最大限度地实现跨境信息自由流动

美国在建立数据流动监管规则时始终将促进信息安全流动发展作为重要

目标，其将个人隐私置于商业利益范畴内进行考量。美国曾主张“最大限度地实现跨境信息自由流动”，确保“国与国之间的监管差异不会成为实质性的贸易壁垒”。

具体而言，在法律层面，美国主要是将数据保护立法在州层面按照行业领域分类，分别制定特定的隐私法律和法规。例如，《加利福尼亚州消费者隐私法案》（*California Consumer Privacy Act*）规定了数据主体权利、数据收集和处理原则、数据安全要求等内容；国家层面的《澄清域外合法使用数据法》（*Clarifying Lawful Overseas Use of Data Act*）允许“符合资格的外国政府”在与美国政府签订行政协定后，向美国境内的组织直接发出调取数据的命令。2021 年批准的《统一个人数据保护法》（*Uniform Personal Data Protection Act*）为各州提供了一个综合数据保护法，对“兼容”“不兼容”“禁止”的数据实践做出了实用区分。尽管 Facebook、雅虎、优步等公司近年来发生了个人信息泄露事件，但由于硅谷巨头的游说，美国联邦政府在数据保护和监管领域的立法进展仍相对缓慢。在机构层面，不同行业、领域的监管部门不同。比如，针对外商投资领域数据跨境，由美国外资投资委员会进行安全审查；针对关键技术与特定领域的数据跨境，需要取得商务部产业与安全局出口许可。在平台上，美国既有 BDEX、Ifochimps、Mashape、RapidAPI 等综合性数据交易中心，也有很多专注细分领域的数据交易商，如位置数据领域的 Factual，经济金融领域的 Quandl、Qlik Data Market，工业数据领域的 GE Predix 等，促进数据流动和数字经济发展。

2. 新加坡：在安全的数字环境下实现数据流通

新加坡政府认为在安全的数字环境下才能够最大限度地发挥数字经济优势，企业和个人对数字经济需要足够信任，才能实现社会整体的数字转型。新加坡鼓励创新和数字化转型，认为监管框架要灵活适应不断变化的技术和商业环境，以促进创新和数字化经济的繁荣。

新加坡对于数据跨境流动监管采取了一系列手段，以保护个人隐私和数据安全。在法律上，2012 年新加坡政府出台《个人数据保护法》（*Personal Data Protection Act*）规定了处理个人数据的义务和责任，包括数据跨境传输的规定和要求，成为新加坡个人数据保护的关键立法；该法案于 2020 年 11 月 2 日首次进行全面修订，最突出的关键点是引入了强制性数据泄露通知制度，要求组织发生数据泄露事件时，必须通知新加坡个人数据保护委员会以及受影响的个人。在机构上，2013 年新加坡信息通信媒体发展局下设个人资料保护委员会（PDPC），负责监督和执行个人数据保护法律，实施多项数据保护措施，并提供相关指导和培训。

## 三、三种典型监管模式的比较分析

### （一）三种典型监管模式

从各国或者区域集团一直以来倡导的数据跨境流动的价值观来看，监管至少可以分为数据自由主义、数据保护主义和数据发展主义三种模式。实际上，近年来由于全球化出现的新变化特别是地缘政治竞争等因素，各国或者区域集团在数据跨境流动的规则和政策上也有很多新的调整。

1. 数据自由主义

数据自由主义以美国为主要代表，强调互联网用户必须能够自由传输数据，确保消费者和企业能够在没有任何歧视性或任意限制的情况下跨境传输数据，禁止数据本地化和源代码审查，反对不公平的数字贸易歧视。数据自由主义在跨境流动领域推崇的理念是促进数据作为一种关键经济资源在全球范围内自由、高效地流动，以激发创新、增进国际合作与促进经济增长。这一理念的基础在于对数据开放和自由市场的坚定信念，主张消除不必要的数据壁垒，简化数据跨境传输流程，确保企业在遵守基本的数据保护和隐私权规范前提下，能够在不同国家间无缝对接数据资源。在实践中，数据自由主义表现为推动国际间达成数据流动的规则共识，支持通过国际协议和标准化的法律框架来协调不同国家的数据保护标准，力求实现数据流动的法律确定性和安全性。例如，美国通过 APEC 的“跨境隐私保护规则”以及《韩美自由贸易协定》《跨太平洋伙伴关系协定》《美国—墨西哥—加拿大协定》等系列跨国合作协议，促进区域性的数据流动。

数据自由主义根植于早期互联网发展阶段，主要经历过由技术快速更迭带来的快速发展期和数据滥用带来的反思与规范期。首先，在互联网发展早期，用户生成内容和服务模式的兴起促进了信息的快速流动与分享，这一时期“数据自由主义”一词尚未流行，但强调信息自由流动、开放获取和知识共享的理念已经广泛传播。以美国互联网企业为代表的科技公司，往往要求按照贸易协定进入各国信息服务市场，而如果有国家主张网络或者信息主权，自主管理本国领土上的互联网服务，则被认为是封闭或保守的。其次，随着社交网络、云计算等技术的发展，个人数据成为驱动商业模式的核心资源，数据自由主义进入了快速发展期。企业通过收集、分析用户数据以优化产品和服务，数据的价值被广泛认知，催生出了一种基于数据交换的新型经济形态。例如，社交媒体平台、电子商务网站和云服务提供商能够跨地域提供服务，依赖的就是数据能够迅速有效地跨境传输。这种全球化的互联网服务提供商能够在全球范围内收集、存储和处理用户数据，这是数据自由流动的一个直接体现。在此阶段，对数据存储本地化的要求相对较少，很多国家并没有强制要求外国企业必须在境内设立数据中心存储用户数据，而是鼓励数据在全球范围内根据业务需求流动。在美国和其他一些国家签订的协定中，也往往强调数据跨境流动的无障碍性和互惠性。最后，进入大数据和人工智能时代，大规模的数据泄露事件、数据滥用问题以及由此引发的隐私和社会不公争议，使社会开始关注数据使用的伦理边界，数据自由主义也开始面临反思与规范。例如，欧盟的《通用数据保护条例》（GDPR）在 2018 年生效后，欧盟—美国的“安全港协议”因不符合要求而被废止，进而推出“隐私盾协议”作为替代方案，旨在确保欧盟公民的个人数据在美国也能获得同等程度的保护。在这一阶段，国际社会尝试构建更加完善的数据治理框架，通过国际合作来寻求数据自由流动与保护之间的平衡，例如联合国、OECD、G20 等国际组织都在积极推动数据跨境流动规则的制定。

当前数据自由主义进入重构阶段，特别是在地缘政治竞争的大背景下，以美国为代表的主要国家也开始出现更多数据跨境流动的壁垒。2024 年 2 月，美国依据《国际紧急经济权力法》（IEEPA）发布了一项保护美国人个人敏感数据免遭“受关注国家”利用的行政命令。这表明，美国政府决意切断某些敏感数据向一些国家的跨境传输。这一政策被认为是美国历史上首次针对数据跨境传输设置审查机制，标志着美国在数据政策上的重大转变，也是其坚持倡导的数据自由主义面临数据跨境流动规则的直接挑战。这一禁令与其推动数据自由流动的立场相悖，显示出美国在数据政策上出现了更多保护主义倾向，并且针对的是特定国家，表明政治因素越来越多地渗透数据领域，也是“数据霸权”的一种直接体现。

2. 数据保护主义

数据保护主义以欧盟为主要代表，指的是通过统一完备的法律条例，对内大力促进数据流动和共享，对外严格把控数据跨境，维护数据主权的监管模式。数据保护主义在跨境流动领域的核心理念是，强调对个人数据和敏感信息的严格管控，以确保数据安全、保护隐私权和国家信息安全。该理念主张在数据跨境流动过程中设置合理的法律和技术屏障，以对抗潜在的数据滥用、非法监控以及其他侵犯隐私的行为。在实践上，数据保护主义表现为多个国家和地区强化了对数据跨境传输的规定，如欧盟通过实施严苛的《通用数据保护条例》（GDPR），要求对外数据传输必须符合严格的“充分性决定”或适用特定的法律工具，确保接收国的数据保护标准不低于欧盟水平。通过颁布法案形成的规则壁垒，天然将非欧盟国家排除在外。为了促进数据跨境流动，欧盟通过“充分性决定”、标准合同条款等方式与日本、韩国等 14 个国家和地区构建数据跨境流动安排。此外，数据保护主义支持建立数据本地化政策，即要求特定类型的数据需存储在本国境内，从而增强了对数据主权的维护。

数据保护主义经历过“起源—成形—强化”的不同发展阶段。首先，数据保护的早期概念起源于欧洲，特别是在德国和瑞典等国家，对个人隐私权的关注推动了相关法律的制定。例如，1973 年瑞典通过了世界上第一部国家层面的《瑞典数据法》，标志着现代数据保护制度的萌芽。法案涉及政府法律体系中信息自由、数据保护和隐私、电子商务、电子通信、电子签名、电子采购、公共部门信息的再利用等方面。其次，20 世纪 80 年代至 21 世纪初，数据保护主义逐步成形。1981 年欧洲理事会通过《关于自动处理个人数据的保护公约》，也称“第 108 号公约”。这份公约是欧洲委员会各成员国签署的、全球范围内有关数据保护的第一份具有法律约束力的国际性文件，它建立了有关数据保护的基本原则以及各缔约国之间的各项基本义务，对于制定明确的数据治理全球标准以及国内标准都具有重要的借鉴意义。随着数据流动的广泛出现，欧盟于 1995 年颁布了《数据保护指令》（Data Protection Ditective，DPD），该指令要求成员国必须在各自国内立法中实施相应规定，进一步统一了欧洲范围内的数据保护标准。最后，欧盟于 2016 年通过的 GDPR 标志着数据保护主义进入了强化时期，该条例已于 2018 年 5 月正式生效。GDPR 是迄今为止最为严格的数据保护法规之一，它不仅适用于欧盟内部的企业，还对向欧盟公民提供商品和服务的所有外国企业产生影响，从而在全球范围内推动了数据保护主义的发展。越来越多的国家和地区开始修订或出台新的数据保护法律法规，借鉴并回应 GDPR 中的高标准要求，形成了一股全球性加强数据保护的趋势。

随着以 ChatGPT 为代表的人工智能技术快速发展，数据保护主义也重视这些模型在数据收集方面的违规行为。2023 年 3 月，意大利数据保护局认为

ChatGPT 涉嫌违反数据收集规则，宣布禁止使用 ChatGPT，且暂时限制其处理意大利用户数据，成为第一个限制 ChatGPT 的西欧国家。2024 年 1 月，意大利数据保护局表示，人工智能（AI）研究公司 OpenAI 的聊天机器人 ChatGPT 和其用于收集用户数据的技术违反了该国的隐私法，可能面临高额罚款。

当前数据保护主义通过增加对数据中介的信任、加强数据共享机制、增强数据的可用性来推动更广泛的内部数据流动。2020 年 2 月，欧盟出台了《欧洲数据战略》并公开征询意见，该战略强调打造数据核心竞争力，更全面地释放数据潜力，使企业和公共部门能够依靠数据作出更好的决策，同时也致力于使欧盟成为数据战略实施方面的全球典范。《欧洲数据战略》的核心理念为数据主权、单一市场与共同空间。数据主权是欧盟应用数据博弈的核心战略，内松外严的数据流动模式为其理念。单一数据市场是维护数据主权的关键路径，欧盟制定系列法案意图建设“公平、自立，跨地域、跨领域”的数据市场。共同数据空间是建设数据市场的助推机制，欧盟将基于基础设施打造若干数据空间。《欧洲数据战略》提出在工业、医疗卫生、农业、能源、技能等 9 个领域建设共同数据空间（Common Data Space），并率先启动建设“欧洲健康数据空间”。2022 年 2 月，欧盟发布《关于欧洲共同数据空间》工作人员工作文件。2024 年 1 月，欧盟发布《欧洲共同数据空间第二份工作人员文件》。欧盟采用立法的形式建立数据共享机制，并于 2022 年 5 月正式通过《数据治理法案》、于 2024 年 3 月通过《人工智能法案》，推动欧盟向内构建统一数据市场，对外提升欧盟“数字主权”。

3. 数据发展主义

数据发展主义以新加坡、英国、日本等发达国家为代表，中国在一定意义上也可以归为这一类，指的是关于数据流动和数据安全的综合性发展理念，强调数据作为一种新型生产要素在推动社会经济发展、科技创新和治理体系现代化中的核心作用，同时也关注科学合理地采集、存储、分析和利用数据。数据发展主义在跨境流动方面的特点体现为对数据资源全球化配置的审慎开放态度和创新包容的制度建设。一方面，数据发展主义认识到数据在全球范围内作为关键生产要素的巨大价值，支持在确保数据安全和隐私保护的前提下，推动数据资源的跨境流动和国际间的数据资源交换，以促进经济全球化发展、科学研究进步以及国际合作创新。另一方面，强调数据主权和数据安全的重要性，坚决反对无序和失控的数据跨境流动。它主张通过建立完善的法律法规体系、制定严谨的数据跨境流动规则、搭建安全的数据流动平台和通道，以及积极参与全球数据治理机制的构建，来实现数据跨境流动的有序、安全和可控。一定程度上，数据发展主义是数据自由主义与数据保护主义的折中路线。在实际操作层面，数据发展主义鼓励并引导企业按照国际通行的标准和准则进行数据跨境交易，支持建立数据交易中心或数据跨境流动服务体系，同时加强对数据跨境流动的风险评估和监测，确保数据在跨境流动中既能满足国际经贸合作的要求，又能切实保障国家数据安全、企业和个人数据权益。

数据发展主义作为一种理论和实践框架没有明确的历史阶段划分，其发展可以对应到全球数字化进程的关键节点。首先，20 世纪末至 21 世纪初，随着信息技术的发展和互联网的普及，数据开始积累并显示出潜在价值。全球各国政府开始重视信息化建设，鼓励数据资源的初步开发利用，但此时的数据发展主义尚处于萌芽状态。其次，21 世纪以来，随着大数据、云计算、物联网等技术的快速发展，数据量呈爆炸性增长。各国开始强调数据资源的战略地位，如中国明确提出“数据是新的生产要素”理念，推动数据资源整合、开放共享和应用创新，数据发展主义开始形成雏形。2020 年以后，随着新一代信息技术与人工智能技术的深度融合和数字经济的蓬勃发展，数据安全法、个人信息保护法等相关法律法规相继出台，数据发展主义在实践中不断完善，涵盖了数据全链条的采集、存储、加工、流通、应用和销毁等环节，强调数据安全与数据主权。

当前数据发展主义仍在不断探索安全与发展之间的平衡。从推动数据要素流通来看，探索数据产权制度，推动数据资产化，鼓励数据所有者依法依规进行数据交易，建立数据交易场所和流通机制，保障数据资源的高效配置和价值释放。建设国家一体化大数据中心体系，推动公共数据资源开放共享，促进数据要素与实体经济、科技创新、社会治理深度融合，支持数据驱动的新业态新模式发展。在保障国家数据主权和安全的前提下，积极参与国际数据治理规则的制定，探索数据跨境流动的互认机制和安全通道，推动数据资源在全球范围内的合理、有序流动，提升国际竞争力。从数据安全保护来看，更多国家正逐步完善数据安全和隐私保护的法律体系，明确规定了数据处理者在数据收集、存储、使用、加工、传输、提供、公开等各个环节的法律责任和义务。采用先进的数据加密、匿名化、去标识化等技术手段，加强数据安全防护。同时，建立数据分类分级管理制度，对敏感数据和重要数据进行特别保护，防止数据泄露、篡改和破坏。设立更多数据交易监管机构，加大执法力度，督促各类组织机构健全数据安全管理制度，定期开展数据安全自查和风险评估。

### （二）三种典型监管模式的比较

通过梳理以上典型监管模式，可以发现三类模式背后反映的是不同国家与地区科技发展与数据流动差异所引发的不同理念，不同主义在对待数据跨境流动的安全治理、高效流动两个方面存在明显差异。

在安全治理方面，三种模式的区别主要体现在对待数据跨境流动中个人隐私保护、数据安全和数据价值发掘的态度与政策制定上。数据自由主义主张最大限度地减少对数据流动的政府干预，提倡数据的自由流动和全球共享。在数据安全和隐私保护上，依赖于市场自我调节机制和自愿性的行业标准，强调数据保护规则不应过度阻碍数据驱动的创新和经济发展。数据保护主义着重于确保数据的安全性和个人隐私权，主张通过严格的法律法规限制数据跨境流动，特别是在涉及敏感或个人数据时。在安全治理上，倾向于设立数据本地化存储要求，实施强有力的数据保护法律，并强调国家对数据流动的控制权。数据发展主义在数据安全治理上寻求安全与发展之间的平衡，既承认数据作为一种关键生产要素对于推动经济社会发展的重要性，又充分认识到数据安全和隐私保护的必要性。数据发展主义的目标是既要激活数据的经济价值，又要确保数据流动的安全可控，努力实现数据在安全与发展的双重维度上的最优配置和高效利用。

在高效流动方面，三种模式的区别主要体现在它们对数据流动的原则、优先级和约束条件的不同。数据自由主义强调数据的自由流动和无障碍交换，主张取消数据流动的壁垒和限制，通过市场机制促进数据的最大化利用。这种模式下，数据流动效率高，有利于技术创新和全球数字经济的发展，但这种自由流动可能会牺牲部分个人隐私和数据安全。数据保护主义的核心是确保数据安全和个人隐私，因此在推动数据流动时，往往会设置较严格的数据保护法规和跨境传输限制，比如要求达到一定级别的数据保护标准才能进行数据跨境交换。这种模式下，数据流动受到较多法律和政策约束，以避免数据滥用和泄露。数据发展主义主张在确保数据安全、尊重个人隐私的前提下，积极推动数据资源的高效利用和流动。它鼓励通过技术和制度创新，建立一套既能保障数据安全、隐私，又能促进数据流动和价值挖掘的机制。在实践中，发展数据交易平台、数据共享机制和数据跨境流动规则，同时要求参与者遵循相应的安全和隐私保护标准。

随着数据跨境流动越发频繁，三种典型监管模式也呈现一定的交叉融合趋势。数据自由主义不再一味追求绝对的自由流动，开始意识到数据流动必须伴随相应的法律约束和安全措施，在推动数据自由市场的同时，采纳国际数据保护标准和隐私权保护法规，以确保数据流动的合法性与安全性。数据保护主义在保护个人隐私和国家安全的基础上，也开始探索如何在确保数据安全的前提下，适度地促进数据流动和价值挖掘，如通过数据脱敏、安全多方计算等技术手段实现数据可用不可见，或者通过建立数据保护伞协议和数据交换框架来保障数据跨境的安全流动。数据发展主义在寻求数据安全与发展平衡的过程中，借鉴了数据自由主义对数据价值的认识和数据保护主义对隐私安全的关注，构建出更兼具开放、安全和可持续的数据流动环境，如通过建立数据主权原则下的数据流动规则，以及推广可信数据共享和交换机制（见表6-1）。

表6-1　三种模式的对比分析

| 模式 | 核心理念 | 安全治理 | 高效流动 |
| --- | --- | --- | --- |
| 数据自由主义 | 更大程度促进数据自由流动 | 减少政府干预<br>依赖市场机制 | 流动限制最少<br>流动效率最高 |
| 数据保护主义 | 严格把控数据跨境，<br>维护数据主权 | 严格法律限制<br>强调数据主权 | 流动限制严格<br>流动效率受限 |
| 数据发展主义 | 兼顾高水平数据保护<br>和数据自由流动 | 兼顾安全与效率强调<br>安全可控下的数据流动 | 在满足数据保护标准下<br>促进数据流动 |

## 四、中国数据跨境流动监管体系

### （一）中国数据跨境流通监管

中国强调国家安全和数据主权的重要性，认为数据是国家战略资源的重要组成部分。与此同时，中国支持企业利用数据进行创新，认为数据跨境流动对于数字经济的发展至关重要，应在支持数据要素流动的同时加强数据安全和风险管理。中国更多地从维护网络安全和数据主权为目的出发，制定数据跨境流动法规体系。在法律上，中国现行跨境法律监管体系由“1+3+N”组成，“1”即《中华人民共和国国家安全法》，作为整个跨境监管体系的基石，强调数据跨境监管中对国家网络安全和数据安全的保障；“3”即《中华人民共和国网络安全法》《中华人民共和国数据安全法》《中华人民共和国个人信息保护法》，属于数据安全监管领域的“三驾马车”，分别对网络安全、数据安全及个人信息保护领域提出原则性监管要求，并对关键信息基础设施、重要数据及个人信息的跨境传输提出法律规制要求。“N”即《数据出境安全评估办法》、“数据二十条”、《个人信息出境标准合同办法》、《个人信息出境标准合同》、《促进和规范数据跨境流动规定》等一系列监管规定。其中，《促进和规范数据跨境流动规定》是2024年3月22日由国家互联网信息办公室公布的直接针对数据跨境流动的新规定，遵循数据跨境流动分级分类思路，明确重要数据出境安全评估申报标准，明确免予申报数据出境安全评估、订立个人信息出境标准合同、通过个人信息保护认证的数据出境活动条件，提出未被相关部门、地区告知或者公开发布为重要数据的，数据处理者不需要作为重要数据申报数据出境安全评估。

具体而言，面对“数据安全”这一最大挑战，2016年11月7日审议通过的《中华人民共和国网络安全法》第三十七条规定：“关键信息基础设施的运营者在中华人民共和国境内运营中收集和产生的个人信息和重要业务数据应当在境内存储。因业务需要，确需向境外提供的，应当按照国家网信部门会同国务院有关部门制定的办法进行安全评估；法律、行政法规另有规定的，依照其规定。”2021年8月20日审议通过的《中华人民共和国个人信息保护法》的第四十条规定：“关键信息基础设施运营者和处理个人信息达到国家网信部门规定数量的个人信息处理者，应当将在中华人民共和国境内收集和产生的个人信息存储在境内。确需向境外提供的，应当通过国家网信部门组织的安全评估；法律、行政法规和国家网信部门规定可以不进行安全评估的，从其规定。”

同时，数据跨境流通的“清单”制度逐步建立。一种是“负面清单”，比如《促进和规范数据跨境流动规定》提出，自由贸易试验区内数据处理者向境外提供负面清单外的数据，可以免予申报数据出境安全评估、订立个人信息出境标准合同、通过个人信息保护认证。另一种是“正面清单”，2024

年9月24日发布的《网络数据安全管理条例》（国令第790号）在第五章“网络数据跨境安全管理”的第三十五条列举了8项可以向境外提供个人信息的“正面清单”事项。

除了与数据跨境监管直接相关的法律法规，财政部发布的《企业数据资源相关会计处理暂行规定》已于2024年1月正式生效，这要求企业基于数据资产入表的范围，识别梳理涉及跨境场景的数据资源分布，并进行资产价值与安全风险的全面评估。2024年3月，国务院办公厅关于印发《扎实推进高水平对外开放更大力度吸引和利用外资行动方案》提到，规范数据跨境安全管理，组织开展数据出境安全评估、规范个人信息出境标准合同备案等相关工作，促进外商投资企业研发、生产、销售等数据跨境安全有序流动。这一方案也要求推进制定粤港澳大湾区数据跨境转移标准，依托横琴粤澳深度合作区、前海深港现代服务业合作区等重大合作平台，建立港澳企业数据跨境流动机制，探索建立数据跨境流动“白名单”制度，稳步推动实现粤港澳大湾区内数据便捷流动。

在监管机构上，中国没有设立专门的数据监管机构，目前主要是由国家网信部门负责统筹协调和监督管理网络安全工作，电信部门、公安机关以及各行业监管机关共同配合。在平台上，贵阳大数据交易所、上海数据交易所、深圳数据交易所、北京国际大数据交易所等诸多数据交易平台较早探路数据跨境流动。2022年，深圳数据交易所推动完成了全国首单场内数据跨境交易，2023年开设数据跨境专区，批量上市数据跨境产品服务，积极引入境外业务产品，为境内企业应用境外数据提供范例和数据源。2022年，北京国际大数据交易所研发并启用北京数据托管服务平台，这是首个可支持企业数据跨境流通的数据托管服务平台。2023年，上海数据交易所开启国际板，推动国内外企业开展数据跨境流通业务合作，实现全球数据互联互通。

此外，中国也积极参加国际上的数据流动跨境平台。比如在电子商务领域，跨境电商平台如阿里巴巴、亚马逊和e-Bay等，通过整合全球供应链、物流、消费数据，为消费者提供更好跨境消费服务。在金融领域，SWIFT（Society for Worldwide Interbank Financial Telecommunications）通过传输跨境支付和结算数据，实现全球范围内的跨境金融交易。在战略层面，中国发布《携手构建网络空间命运共同体行动倡议》，发起《二十国集团数字经济发展与合作倡议》《“一带一路”数字经济国际合作北京倡议》，与16个国家签署“数字丝绸之路”合作谅解备忘录。

### （二）中国与其他经济体的比较

从法律法规来看，中国关于数据跨境流动监管的法律法规起步较晚，正处于逐步完善阶段。比如，欧盟和新加坡都已建立数据保护的核心法规。欧盟《通用数据保护条例》对于向未经认可的国家或组织传输个人数据采取严格的限制，特别是对于数据保护水平不足的国家，必须采取额外的保护措施。新加坡《个人数据保护法》也规定了个人数据跨境传输的条件和限制，包括必须获得数据主体的同意、确保接收方有适当的保护措施等。中国近年来陆续出台《中华人民共和国网络安全法》《中华人民共和国数据安全法》《中华人民共和国个人信息保护法》《促进和规范数据跨境流动规定》等配套法规，构建国内数据跨境流动管理框架体系，完善个人信息出境的保护规则，比如《数据出境安全评估办法》同样规定数据跨境需要评估境外接收方的数据保护水平是否达到中华人民共和国法律、行政法规的规定和强制性国家标准的要求。目前，我国已经逐步形成了安全评估、出境认证和标准合同相结合的监管体系。

从监管机构来看，国家数据局和国家互联网信息办公室主要是负责制定和监督数据要素市场相关规则和政策的机构，但两者在数据跨境流动监管领域内的职责划分需要进一步明确，部门之间的协同监管仍需进一步加强。2023年国家数据局组建成立，将中央网络安全和信息化委员会办公室承担的推动信息资源跨行业跨部门互联互通职责划入国家数据局。2024年3月，《促进和规范数据跨境流动规定》则是由国家互联网信息办公室发布。相比之下，欧盟数据保护的主要监管机构是欧盟数据保护委员会，其负责监督和执行《通用数据保护条例》，协调各成员国之间的数据保护事务，提供指导和建议。新加坡的数据保护监管机构是个人数据保护委员会（PDPC），负责执行《个人数据保护法》，监督个人数据的收集、使用和披露，提供指导、培训和宣传，以及处理与数据保护相关的投诉和争议。目前，中国数据保护的监管机构依然主要由国家互联网信息办公室承担，其与国家数据局等机构之间关于数据流动的协同监管仍有待完善。

从交易平台来看，中国数据交易所的数据跨境交易业务正在起步阶段。在欧盟，EuroCloud Europe 平台作为欧洲领先的云计算和数字化服务提供商协会，致力于促进欧洲各国之间的数据交流。在美国，Amazon Web Services（AWS）作为全球最大的云服务提供商之一，提供跨境的云计算和数据存储服务，吸引了全球各地的客户；Microsoft Azure 的云计算平台也有跨境的数据存储、分析和应用服务，为企业和组织提供全球范围的数字化解决方案。在新加坡，SGFinDex 是新加坡金融数据交换平台，旨在促进新加坡各金融机构之间的数据共享和合作，以提高金融服务的效率和创新能力；TradeTrust 是由新加坡政府推动的数字化贸易平台，旨在促进全球贸易的数字化转型，提高跨境贸易的效率和可信度。在中国，深圳数据交易所可以进行数据跨境交易，2022 年已完成了全国首单场内数据跨境交易，2023 年跨境交易额突破 1 亿元。

中国和其他经济体在数据跨境流动监管方面的比较如表 6-2 所示。

**表 6-2　中国和其他经济体在数据跨境流动监管方面的比较**

| 国家或地区 | 法律法规 | 监管机构 | 交易平台 |
|---|---|---|---|
| 中国 | 《中华人民共和国国家安全法》《中华人民共和国网络安全法》《中华人民共和国数据安全法》《中华人民共和国个人信息保护法》《促进和规范数据跨境流动规定》 | 国家互联网信息办公室、国家数据局 | 贵阳大数据交易所、上海数据交易所、深圳数据交易所、北京国际大数据交易所等 |

续表

| 国家或地区 | 法律法规 | 监管机构 | 交易平台 |
|---|---|---|---|
| 欧盟 | 《通用数据保护条例》 | 欧盟数据保护委员会 | EuroCloud Europe |
| 美国 | 《统一个人数据保护法》以及各行业法规 | 没有统一监管机构，部分行业监管机构 | 亚马逊、微软等平台 |
| 新加坡 | 《个人数据保护法》 | 个人数据保护委员会 | 政府推动的 TradeTrust 数字化贸易平台 |

### （三）中国数据跨境流动监管的政策建议

综合以上对比分析，本部分对中国数据跨境流动监管提出以下几点政策建议：

（1）制定综合性数据保护法律框架，继续完善重要数据清单。整合目前我国各类法律条文、管理条例等可以发现，尽管在数据安全方面已经制定或完善了顶层法律、主要条例及部分具体实施细则，但在监管办法中仍存在诸多具有不确定性的规则。比如《促进和规范数据跨境流动规定》提出，“数据处理者应当按照相关规定识别、申报重要数据”，但“重要数据”具体的定义是什么，没有明确的解释。此外，当前人工智能技术的复杂性和不确定性对数据跨境流动的规则提出了新的挑战，应对这些挑战，需要在法律层面筑牢第一道防线，尽快出台综合性数据保护法律，制定重要数据识别指南或数据清单。

（2）进一步明确数据要素流动监管和综合执法部门，解决多头监管问题。目前我国数据出境监管主要由网信部门负责，《促进和规范数据跨境流动规定》明确指出“应当通过所在地省级网信部门向国家网信部门申报数据出境安全评估”，但从实际情况来看，由于不同类型的数据专业性较强，涉及数据跨境流动的网信部门、安全部门、公安部门、数据部门的具体职能缺乏明确的界定，无法高效响应市场多样化的数据跨境流动需求。因此，建议尽快明确或设立数据跨境流动监管和综合执法部门，建立跨部门协同机制，统筹不同领域的数据监管工作，提升其执法能力和技术水平，以确保对数据跨境流动的有效监管。

（3）探索形成数据分级分类审查机制，降低成本、提高效率。目前数据出境安全评估的申报周期普遍比较长，增加了企业的送审压力，也加重了政府部门的业务负担。可以借鉴美国、欧盟等数据监管经验，依据行业及信息的具体分类标准，建立分级分类审查机制。通过机器学习和人工智能技术，自动匹配对应的审查规则，大幅减少人工审查环节，缩短审查周期。

（4）主动参与完善数据跨境流动的“区域-全球”治理体系，探索合作发展路径。应积极参与到数据跨境的国际规则制定与跨境平台建设当中，包括：加入现有国际协定，推动区域数据流动试点合作，寻求更广泛的全球共识，主导建立数据跨境交易平台，加快与主要经贸伙伴国家和地区建立数据跨境流动合作机制，共同推动全球数据流动标准的制定和推广，推动构建多层次全球数字合作伙伴关系网络。

（5）发挥粤港澳大湾区优势，开展数据跨境流动监管试点。鉴于粤港澳大湾区在内地与港澳开始数据跨境试点的区位优势，可以据此设计“先港澳、后跨国”“先算法、后数据”的数据跨境流动监管试点。首先，充分利用粤港澳大湾区内“一国两制”背景下的政策优势，先行在粤港澳三地间建立数据流动便捷通道，形成数据跨境流动的初步模板。其次，待技术成熟并形成良好示范效应后，再根据数据安全层级逐步放宽跨境传输的限制。最后，利用粤港澳大湾区作为示范，通过实施数据跨境流动监管试点，展示中国在数据治理方面的开放姿态与专业实力，吸引外资企业逐步参与粤港澳大湾区的数据跨境建设。鼓励和支持外资企业设立研发中心、数据中心，参与数据跨境流动平台的建设与运营，共同探索数据价值的挖掘与转化。

— 第七篇 —

# 公共数据的开放、运营与治理机制

陈良源

## 作者介绍

陈良源，中山大学国际金融学院副教授，主要研究方向为宏观经济治理、预期管理与大数据分析。在《经济研究》和 *Journal of Applied Econometrics* 等期刊发表论文十余篇。主持国家自然科学基金青年项目和中国博士后科学基金会项目。曾获得广东省哲学社会科学优秀成果奖学术论文二等奖、全国税务系统优秀税收科研成果一等奖。相关决策参考获省部级领导肯定性批示。

## 内容摘要

数据要素是发展数字经济的关键要素，尤其是公共数据的开发利用能够提高企业的生产效率和创新能力。然而，公共数据的开发应用面临诸多挑战，包括数据质量参差不齐、数据价值挖掘不足、授权运营平台功能亟待优化以及安全治理机制尚不完善等。这对建设“制度+管理+技术”公共数据治理机制提出了新的要求。第一，制定并发布统一、权威的公共数据开放目录，推进各层级公共数据开放平台的互联互通。第二，完善公共数据授权经营的法律法规体系，加大支持运营机构发展的政策力度。第三，优化授权模式与流程，培育多元生态，促进应用创新。

数字经济时代，数据已成为驱动生产力发展的新引擎，是构建全球数字经济竞争优势的关键性、基础性资源。党的十八大以来，面向新一轮科技革命和产业变革，以数据为关键要素，国家对数字经济做出一系列战略部署。党的二十大报告进一步明确“深化要素市场化改革”“加快发展数字经济”。党的二十届三中全会明确提出，加快构建促进数字经济发展体制机制，完善促进数字产业化和产业数字化政策体系。随着算力飞速提升和算法不断迭代，生产和研发部门对数据的需求急剧增长，数据要素得以更广泛地融入各类生产活动，对科技创新和经济增长起到了重要的推动作用。在各类数据资源中，公共数据具有基础性和特殊性。公共数据即具有公共属性的数据资源，涵盖政府政务数据以及市场主体在商业活动中产生的、与社会公共利益相关的数据。

对公共数据的开发利用能够充分发挥公共数据的基础资源作用和创新引擎作用，激活公共数据价值，具有以下关键意义：第一，公共数据的开放可以让企业和个人更容易地获取所需的数据资源，从而提高产业链的效率和创新能力（Ghasemaghaei and Calic，2019；Jones and Tonetti，2020）。例如，Beraja 等（2022）发现政府持有的海量公共监控数据为面部识别企业的机器学习算法训练提供了重要保障。第二，公共数据的商业化运营不仅可以帮助政府获得额外的财政收入（谢波峰和朱扬勇，2020），还可以为企业和个人创造新的商业机会和就业岗位。例如，通过授权第三方机构对公共数据进行增值开发利用，可以带动相关产业的发展和壮大（Duguay et al.，2023）。第三，优化资源配置与决策制定。企业通过使用开放的公共数据，可以提高决策的科学性。例如，Nagaraj（2022）发现，政府开放卫星遥感图像数据减少了黄金勘探行业经营面临的不确定性。第四，公共数据的开放和共享有助于推动传统产业的数字化转型和升级。例如，在制造业中，通过引入智能制造技术和大数据分析平台，企业可以实现对生产过程的实时监控和数据分析，从而提高生产效率和产品质量。因此，数据资本积累具备拉动宏观经济增长的潜在能力

（徐翔和赵墨非，2020；杨俊等，2022）。

为进一步释放数据价值，2024 年 9 月，中共中央办公厅、国务院办公厅印发《关于加快公共数据资源开发利用的意见》（以下简称《意见》），针对公共数据的开放、运营和治理明确相关要求。从各地的探索实践来看，公共数据的开放已经成为推动数据经济发展的重要抓手。《意见》聚焦破除公共数据流通使用的体制性障碍、机制性梗阻。同时，其在促进数字经济、激发社会创新方面的成效尚不明显，亟须进一步健全公共数据的开放、运营及治理机制。

## 一、公共数据开发利用的现状与挑战

在公共数据开放的探索实践中，上海市率先于 2012 年上半年推出我国第一个地方开放数据平台。2015 年，国务院印发《促进大数据发展行动纲要》后，各个地区开始大规模推进公共数据开放平台的建设。如图 7－1 所示，2012 年全国仅有北京、上海和武汉 3 个公共数据开放平台，到 2017 年，地级及以上公共数据开放平台数量呈现持续增长趋势。《中国地方公共数据开放利用报告——城市（2023 年度）》显示，截至 2023 年，全国已建成 226 个地方公共数据开放平台（复旦大学数字与移动治理实验室，2023），其中包括 22 个省级平台和 204 个城市平台。从数据容量来看，各地可下载数据集已经超过 480 亿条。公共数据开放平台涵盖的数据种类丰富，包括但不限于安全生产、财税金融、生活服务、地理空间、公共安全、交通运输等。这一成果极大地激励了各微观主体围绕公共数据进行开发利用的积极性（方锦程等，2023）。

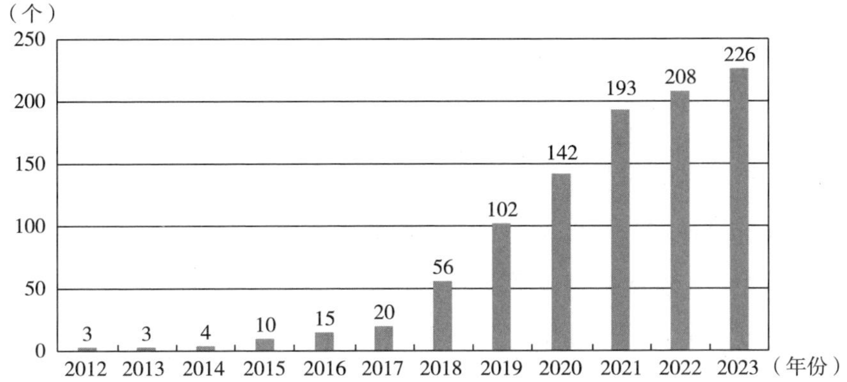


**图 7-1　地级及以上公共数据开放平台数量**

资料来源：《中国地方公共数据开放利用报告——城市（2023 年度）》。

在场景应用方面，《“十四五”规划和 2035 年远景目标纲要》明确提出“开展政府数据授权运营试点，鼓励第三方深化对公共数据的挖掘利用”。当前，北京、上海、广东、江苏和浙江等省份已在积极探索授权运营工作。例如，2023 年北京市开放全域全量无障碍数据集服务导图，助力百度、高德、腾讯地图等商业公司，开发无障碍导航功能。深圳市查策网络信息技术有限公司构建的“查策网”服务平台，基于政府数据开放平台，对全国近 6000 个政府单位发布的政策文件进行整理、挖掘和实时更新，形成了庞大的政策数据库。彭远怀（2023）基于开放数林指数实证表明，政府数据开放能显著提高全要素生产率，其主要原因是政府数据开放有助于优化营商环境、增强企业能力、促进高质量创新。此外，在 2023 年首届沪港合作开放数据竞赛上，依托公共数据还产生了医疗数字化、智慧企业合规风险平台、公共空间资产化设计与运营等优质项目。

整体而言，无论是公共数据开放平台数量，还是可下载的数据容量，我国公共数据开放利用已取得一定进展。但是中国数据要素的市场化程度并不高，公共数据的广泛应用面临着诸多困境，具体如下：

第一，公共数据普遍存在数据质量不高、数据价值低等现象，在场景应用中转化率不高。首先，由于部分地市对于数据资源存在底数不清、数据目录不完整等问题，导致数据采集的自动化水平低，统计口径不统一。不同来源的数据采用不同的标准和格式，这增加了整合和利用的难度。其次，公共数据共享开放质量差，缺乏实用性。如电气、通信、交通、医疗、教育等民生类公共数据还不在当前公共数据共享开放范围之内。最后，公共数据存在生硬格式转化、碎片化、低容量、高缺失等质量问题，往往需要经过清洗、整理等步骤才能被有效利用，直接提供未经处理的数据，其利用价值将大打折扣。

第二，公共数据的运营机制不完善，平台功能有待进一步优化。公共数据作为数据要素市场的重要资源，公共数据供给主要由地方政府进行，在此基础上引入市场主体进行授权运营，为公共数据开展增值性开发利用。由于缺乏激励与相应的制度安排，公共数据存在运营困境（胡业飞，2022）。一方面，公共数据授权运营的收益分配制度尚未厘清，需要在公共数据授权运营与公共数据承载的公共价值之间取得平衡；另一方面，目前尚未建立公共数据运营评价和监督约束机制，运营平台拥有较大的自由裁量权，第三方评价工作无法发挥约束作用，可能导致垄断竞争风险。

第三，需要警惕数据负外部性，完善公共数据的治理机制。由于公共数据可能涉及隐私、国家安全等敏感信息，使用不当会对经济增长和社会福利造成负面影响（Acemoglu et al.，2022；Goldfarb & Que，2023）。2021 年以来正式实施的《中华人民共和国数据安全法》和《中华人民共和国个人信息保护法》等法律法规对公共数据开发利用提出了新的要求，然而目前各地市公共数据开放工作还不完全满足《中华人民共和国数据安全法》的要求。一方面，不同类型的公共数据的重要性和商业价值存在差异，应该完善差异化管理规范。另一方面，随着公共数据开放范围扩大和参与主体增多，潜在风险也随之增加，对数据安全治理带来了新的挑战，数据开放的规范化程度和可控性水平都有待提高（李晓楠，2024）。

在此背景下，本篇从公共数据的开放、运营和治理三个重要环节出发，梳理公共数据的国际经验，提出优化公共数据开放工作的建议；分析不同授权运营模式的优劣，提出优化授权模式与流程，培育多元生态，促进应用创新；关注数据安全问题和数据要素市场的垄断问题，提出建设“制度+管理+技术”公共数据治理机制。

## 二、完善公共数据开放机制

### （一）公共数据开放的国际经验借鉴

发达国家在数据开放方面积累了丰富的经验，形成了相对成熟的数据开放体系（闫建和高华丽，2015）。例如，美国开放数据网站 Data. gov 提供了联邦政府各机构发布的数据集的访问途径。澳大利亚的公共数据开放目录鼓励政府机构发布和维护高质量的数据集，特别强调数据的可发现性和可访问性。目前国际公共数据开放有以下三个重要经验可供借鉴：

第一，完善法律与政策框架，制定清晰的数据开放策略和指南，确保所有相关方了解数据开放的目标、原则和具体步骤。发达国家通过立法建立完善的法律体系、行业标准和操作细则，自上而下统筹公共数据的开放工作，以国家立法形式保障数据安全和个人隐私。例如，美国以《开放政府数据法案》为代理，形成一系列的信息安全法律框架和技术标准，有效规范了数据开放行为。与此同时，建立开放许可协议机制有助于提升数据开放工作的精准化、可控化水平。

第二，采用国际通用的数据格式和标准，重视数据的可访问性和可理解性，提高数据可操作性。新加坡的“智慧国”计划通过开放健康、交通和教育等公共数据，以信息技术助推智能化改革。该项计划不仅强调了数据安全和个人隐私的重要性，更重要的是关注数据要素的应用场景，针对市场需求提供关键数据服务。与丰富的数据需求相对应，数据查询的灵活性也需要提升，集成数据可视化工具，增加数据下载的格式和选项，便利公众进行访问和操作。例如，加拿大的数据开放门户提供了来自不同政府层级的数据集，特别重视数据的可访问性和可理解性。

第三，重视用户体验和反馈，建立公共数据开放的评价机制。为提升数据开放效率，欧美国家会注重公众的用户体验，构建了多方参与的评价机制，发挥“以评促优”的作用。例如，针对原始数据，美国政府制定了相应的数据质量评估标准，用于评估和监测公共数据开放情况。通过官方网站、问卷调查和座谈会等多种渠道收集用户的反馈信息，有助于深入了解用户的具体需求和使用体验，从而提供进一步优化方向。例如，美国和英国政府定期邀请数据应用企业和机构，围绕如何更好开放数据展开交流。

### （二）优化完善公共数据开放工作的政策建议

第一，统筹推进政务数据共享，制定并发布统一、权威的公共数据开放目录。推动主动共享与按需共享相结合，完善政务数据共享责任清单，做好资源发布工作（王晓冬，2021）。一方面，出台数据分级分类政策法规，健全公共数据开放政策体系，明确公共数据开放的权责和范围。另一方面，探索建立数据开放许可协议机制，在维护国家数据安全、保护个人信息和商业秘密前提下，依法依规有序开放公共数据。

第二，建立用户体验反馈机制，面向市场需求推进公共数据开放。利用好在线问卷、社交媒体和行业座谈会等工具，开展市场需求调研，了解不同行业、企业乃至个人用户对公共数据的需求。获取行业视角下的数据需求，确保数据开放更具针对性，优先开放与民生紧密相关、社会需求迫切的数据，如交通、环境、健康等领域。建立公共数据用户论坛或社区，鼓励分享使用公共数据的相关经验，增强平台的示范效应。根据用户反馈定期评估平台性能，采取改进措施，优化用户体验，提升用户满意度。

第三，构建互联互通大平台，消除公共数据孤岛现象。建立跨层级、跨地域、跨系统、跨部门、跨业务的数据协调机制，制定统一的数据格式和技术标准，确保不同来源的数据能够开放共享。在平台功能方面，设计用户交互界面，加强完善数据搜索调用功能，进行数据清洗、转换和集成，确保数据的一致性和可用性。在安全管理方面，建立合规审查机制，确保敏感数据进行匿名化处理，去除个人标识信息，保护个人隐私。采用先进的加密技术保护数据传输过程中的安全，通过数字身份证和数据可信空间，实施严格的访问控制措施。

## 三、公共数据授权运营模式与优化路径

### （一）公共数据授权运营模式分析

公共数据开放是政府部门通过在线方式开放公共数据或者数据集，便利企业和公众获取公开数据。在数据开放的基础上，授权第三方机构进行运营，增强公共数据的处理质量，便利市场主体进行增值服务（常江和张震，2022）。因此，可以将两者的差异总结成表 7-1 的内容。

表 7-1　公共数据开放与授权运营差异对比

| 差异 | 公共数据开放 | 公共数据授权运营 |
|---|---|---|
| 责任主体 | 数据收集与开放的政府部门 | 负责授权主管部门，<br>负责运营第三方机构 |
| 目的与功能 | 提升政务透明度，提供非涉密原始数据 | 针对特定数据进行增值处理 |
| 应用场景与影响 | 直接查询服务，缺乏针对性 | 提供定制化服务 |

第一，责任主体不同。公共数据开放主要由政府部门负责数据的收集、整理和公开，虽然也会考虑到隐私保护，但由于是面向公众的原始数据，因此在发布前会做去标识化处理。公共数据授权运营涉及第三方机构参与到数据的处理和分发过程中，因此需要建立更为复杂的监管体系来确保合规性。尤其是可能涉及更为敏感的信息，所以会有更加严格的安全措施和隐私保护机制。

第二，目的与功能不同。公共数据开放旨在提升政府透明度，将未处理的原始数据对外开放，为科研、商业创新等提供基础数据支持，强调的是数据的广泛可获取性和无条件使用。公共数据授权运营通过授权给第三方运营，通过对数据进行增值处理后，提供定制化的产品和服务，更好地满足特定行业或用户群体的需求。

第三，应用场景与影响不同。公共数据开放鼓励广泛的探索和创新应用，但可能因为缺乏针对性而难以直接转化为经济效益。公共数据授权运营能够针对特定领域或市场需求提供精准服务，有助于推动相关产业的发展，但也需要注意防止形成垄断或者不正当竞争。

公共数据授权运营是针对特定数据进行开放利用，通过第三方机构的专业能力对公共数据进行增值处理，提供给市场定制化的产品和服务，有助于实现公共数据的价值挖掘的潜能释放。部分地区、部分部门通过授权运营的形式对外开展服务，主要形成场景驱动和数据驱动两种授权运营模式（陆志鹏，2022）。

第一种是场景驱动模式。该模式通常由负责数据管理的政府部门主导，选择特定应用场景作为切入点，通过一次或多次分类授权，引入第三方机构作为数据运营主体。例如，北京在公共数据运营中采取分行业集中的数据专区模式，授权北京金融控股集团有限公司对金融公共数据专区进行运营，标志着我国在公共数据授权运营的创新进展。广西选取自然资源、交通、农业、工业等六个重点领域，依托“智桂通”及依法设立的数据交易平台，开展公共数据授权运营工作。其中，柳州市大数据发展局授权公积金核验数据产品运营，通过对公积金、社保、税务等公共数据进行脱敏加工建模，为企业提供了快速的贷款信用评估服务，为金融行业提供了重要支持。

场景驱动模式的优势在于“通过场景找授权”，具体体现在以下三个方面：一是引入的第三方机构通常在相应领域中处于领导地位，具有较强的数据分析和处理能力，同时也具备成熟的业务开展和市场运营能力；二是公共数据授权主体依然是政府部门，能够有效调节不同行业的公共数据供给情况，保障数据安全和数据质量；三是通过分行业授权，确保每个领域都有专业的运营方进行数据管理和利用，可以避免单一数据运营方垄断所有数据资源，从而降低数据垄断的风险，促进市场的公平竞争。

尽管场景驱动模式有上述优势，但它适合在特定的、有限的应用场景中实施，便于管理和监督，适用于需求明确且相对独立的业务场景，能够快速响应并满足特定需求。然而，这种模式也存在一些局限性：对于涉及多个领域的大规模交叉应用场景，单一的场景驱动模式可能无法有效整合和协调不同领域的数据资源，导致数据孤岛问题；随着业务需求的变化和发展，单一场景下的数据运营模式可能难以迅速调整以适应新的需求；在多场景或多行业的复杂环境中，不同数据运营方之间的协同合作可能会变得更加困难，影响整体效率和服务质量。

第二种是数据驱动模式。这一模式的前提是由政府部门成立专门的数据管理机构，负责公共数据的收集和对外授权，被授权的第三方运营机构则负责数据的增值处理和定制化服务，再次提供给市场公众进行应用。例如，福建省成立了数字办，负责公共数据的收集与统筹管理，授权福建省大数据集团负责省级公共数据的运营和开发利用，实现了省级层面的公共数据开发利用体制机制和平台基础设施建设的基本贯通。在这种模式中，被授权的国资企业既受政府全面监管，为政府提供数据服务，确保公共数据的安全性，也具备灵活应对市场需求的能力，为市场提供数据化公共服务（见图 7-2）。

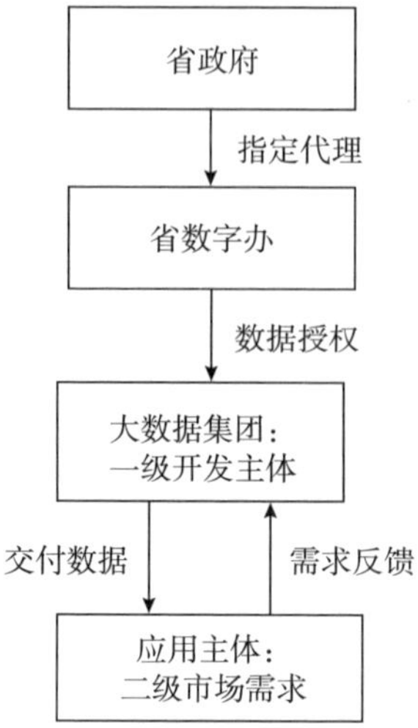


图 7-2　福建省数据授权运营流程

数据驱动模式是“通过数据找需求”，将公共数据批量化授权给第三方运营机构，通过第三方挖掘市场需求，释放数据价值。一方面，批量化授权使运营机构能够掌握公共数据的全貌，便利其进行价值发现，降低运营成本；另一方面，政府仅需要监管被授权主体，极大地减轻了监管压力。然而，由于这一模型是由单一运营机构负责全部公共数据资源的运营开发，面临数据运营形成市场垄断的风险，导致数据资源集中、市场竞争减少，进而影响数据服务的质量和创新。

### （二）优化完善公共数据授权运营的政策建议

由于公共数据授权运营引入了第三方主体，涉及更为复杂和隐私的数据处理技术和流程，使整体监管难度增加，并且难以明确数据产权归属，约束了公共数据开发利用效率（陆志鹏，2022；颜佳华和曾玉芝，2023）。因此，针对公共数据授权经营，本部分提出以下完善路径：

第一，完善公共数据授权经营的法律法规体系。首先，出台针对公共数据授权运营的专门法律或条例，加强对授权运营工作的统筹管理，明确公共数据管理和运营的责任边界（熊巧琴和汤珂，2021）。其次，明确数据管理机构，探索将授权运营纳入“三重一大”决策范围，明确授权条件、运营模式、运营期限、退出机制和安全管理责任。再次，实施严格的数据质量管理标准，采用统一的数据格式和技术标准。最后，根据不同数据的敏感程度和重要性进行分类分级管理，强化公共数据和敏感信息的保护措施，严禁未经授权超范围使用数据。

第二，加大支持运营机构发展的激励政策。在有条件的地区和部门，按照管运适度分离的原则，在保障政务应用和公共服务的前提下，承担数据运营职责的事业单位可按照国家有关规定转企改制，试点成立行业性、区域性运营机构。对符合条件的数据运营机构给予税收减免政策，降低其运营成本，提高市场竞争力。与此同时，建立科学合理的绩效评估体系，定期对数据运营机构进行评估，确保其高效运作。

第三，优化授权模式与流程。根据公共数据资源实际情况与产业发展情况，以契合当地发展思路为目标，推进授权运营的开展，根据不同的应用场景设计多样化的授权方式，如整体授权、分领域授权、依场景授权等。简化授权申请流程，基于明确的准入审核程序选择合适的运营主体，建立政府与运营主体之间的合作协同关系。强化合同管理，明确公共数据使用的范围与经营方式。

第四，培育多元生态，促进应用场景创新。通过授权经营的最终目的是进一步释放公共数据潜能，赋能行业发展。因此，如何吸引不同市场主体参与，开放更多的应用场景进行价值挖掘，培育多元生态是关键（周秀娟和王亚，2023）。一方面，只有将公共数据融合到具体应用中才能发挥价值，这需要不断地创新应用场景，挖掘不同地区、特定行业、细分领域的市场需求。另一方面，公共数据开发利用整个链条涉及多个主体，既有负责数据开放授权的政府部门，也有数据运营的专业机构，使用数据的市场主体，以及行业协会等力量，通过培育多方参与的生态体系，能够更好地提炼数据需求和商业化场景，构建数据市场的有序竞争环境，助推数据要素市场化改革。

## 四、公共数据治理的现实挑战与建议

### （一）公共数据治理的冲突与挑战

公共数据依托行政管理与公共服务职能，来源广、体量大、门类多、增速快，对其进行开放和授权运营有助于推动数据资源的开发利用，是发展数字经济的重要实践（刘阳阳，2022；胡业飞，2022）。然而，在这一过程中除关注数据安全问题之外，还需要警惕数据要素市场的垄断问题，这对公共数据治理提出了新的挑战。

第一，公共数据多样化特征导致数据治理面临复杂性。基于数据的敏感性、价值以及对国家安全和社会稳定的影响程度，通常按照一般数据、重要数据和核心数据对公共数据进行分类处理。其中，一般数据指那些不涉及个人隐私、商业秘密或国家机密的信息，通常是对公众开放的数据，具有较高的公开性和透明度。例如，天气预报数据、公共交通时刻表、政府工作报告等。重要数据虽然不是最敏感的信息，但它们对于特定领域（如经济运行、社会管理）具有重要意义，可能会影响行业竞争力或公共服务的质量。例如，医疗健康统计数据、能源消耗报告、市场交易记录等。核心数据通常涉及国家安全、重大公共利益或者极高的商业价值。一方面，公共数据的多样化要求安全治理差异化，针对不同的数据类型配备适应性的安全治理规则，进而实现层次化的精细治理，提高了治理难度（王芳和陈锋，2015）。另一方面，公共数据类型可能根据应用场景发生变化，“一刀切”的治理方法无法跟上发展趋势，因此提升了安全治理的复杂度。

第二，扩大公共数据开放范围要求提升数据安全治理能力。随着越来越多的数据被公开，确保这些数据的安全性和隐私保护变得更加复杂（李重照和黄璜，2019）。首先，大规模的数据开放可能导致数据质量参差不齐，影响数据的真实性和可靠性，这个过程也增加了数据处理难度。如果处理不当，可能会导致个人隐私泄露或商业机密外泄。其次，在保持数据开放的同时，需要识别正常用户还是恶意用户，防止某些用户对数据的恶意篡改和泄露，因此有效地区分不同用户的访问权限是关键。最后，公共数据开放可能增加政务部门负担，从而削弱了数据安全治理能力，这是进一步扩大公共数据开放范围的现实约束。

第三，公共数据运营模式创新考验安全治理技术。公共数据的授权运营引入了第三方主体，涉及更为复杂和隐私的数据处理技术和流程，增加了安全治理的难度（徐偲骕等，2023）。一方面，要求公共部门或其授权部门具备较强的数据安全处理能力，对公共数据进行脱敏和匿名化处理后再授权给第三方机构。但是，数字化技术发展日新月异，数据安全风险漏洞也在不断变化，对政府部门的技术能力提出了更高的要求；另一方面，不同于公共数据的内部共享，开放和授权运营涉及多方主体和多个流通环节，其不可控性明显增加，如何实现全流程的数据安全治理有待技术的进一步突破。

### （二）建立“制度+管理+技术+监督”公共数据治理体系

第一，从制度上建立统一公共数据采集规范和数据安全定级机制。数据采集是公共数据治理的起点，采集规范对各部门数据采集方式进行明确，同时在数据采集能力上进行专业化的指导和督促，减少公共数据重复采集、标准不一现象的发生。建立贯穿数据采集、数据处理、数据共享开放的统一公共数据质量标准，可以有效推动公共数据的开放和使用。与此同时，加快公共数据分类分级制度和标准推广，强化数据安全和个人信息保护，是提高数据使用效率和促进数据共享的关键步骤。

第二，设立专门数据管理机构，负责部门内和对外的数据管理上的沟通和交流，增强数据管理的联动性。规范系统的公共数据管理是加快政府数字化转型的重要举措，是形成公共数据治理范式的重要一环（郑大庆等，2022）。统筹出台公共数据管理规定，明确第三方数据运营机构的安全责任，推进公共数据安全工作的检查与监管。对相关工作人员进行分类分级标准的专业培训，对不同类别的数据分别采取不同管理方法，对不同级别的数据分别采取不同授权和责任模式，提高数据管理的业务能力和安全意识。

第三，加强技术创新，应对扩大数据开放范围和数据种类多样化的安全治理挑战。围绕公共数据采集到数据开发利用的数据生命全周期，建立以人工智能、大数据、区块链等新技术的数据安全追溯体系，在扩大公共数据开放范围的同时，通过数据溯源保障数据安全。为应对日益丰富的数据类型，研究数据沙箱等新型数据开放技术，使安全防护与数据开放独立运行互不影响，提升数据利用效率，保障数据安全。

第四，建立公共数据治理监督机制，提高透明度与公众参与。建立公共数据资源授权运营情况披露机制，按规定公开授权对象、内容、范围和时限等授权运营情况。运营机构应公开公共数据产品和服务能力清单，披露公共数据资源使用情况，接受社会监督。运营机构应依法依规在授权范围内开展业务，不得实施与其他经营主体达成垄断协议或滥用市场支配地位等垄断行为，不得实施不正当竞争行为。与此同时，为公众提供便捷的反馈渠道，收集社会各界的意见和建议，不断优化服务。

综上所述，我国公共数据资源的开发利用已经取得了一定成就，但仍面临着不少挑战。通过安全可信的公共数据开放、良性竞争的授权运营和多元参与的安全治理，有助于加强公共数据资源的开发利用体系和能力建设，更好地服务于数字经济的发展，为社会经济高质量发展提供强有力的支撑。

— 第八篇 —

# 数据要素驱动的平台经济：高效配置与创新实践

陈斯维

## 作者介绍

陈斯维，中山大学岭南学院副教授、院长助理，兼任中山大学数字经济与政策研究院副院长。于2013年获得美国罗切斯特大学经济学博士学位，在微观经济理论方面具有丰富的研究经验。主要研究方向包括机制设计、数字经济和平台经济。近年来，主持国家自然科学基金项目2项并参与多项，在国内外知名期刊发表高水平论文多篇。

## 内容摘要

在全球经济数字化转型的浪潮中，平台经济作为核心驱动力，对传统经济模式带来了深刻变革。本篇探讨了数据要素在平台经济中的重要性及其对我国实现高质量发展的战略意义。

平台经济通过整合在线资源，为企业提供开放共享的创新环境，促进资源高效配置，助力小微企业成长，并推动制造业转型升级。本篇分析了数据要素在平台经济中的多重作用，如个性化服务、供需匹配优化、风险管理革新和决策支持系统强化等。数据要素广泛应用于科学研究、工业制造、物流运输、贸易便利化和金融服务等领域，通过具体案例展示其在提升效率、降低成本和促进创新中的关键作用。然而，数据隐私与安全、数据质量与治理、数据共享与孤岛及数据伦理与合规等问题仍是制约平台经济发展的挑战。为此，本篇提出了一系列措施，包括健全监管机制、推动技术创新、完善法律法规及加强市场监管，以确保平台经济的健康发展。

展望未来，数据要素将在平台经济中继续发挥核心作用，推动技术创新和社会变革。人工智能、区块链等技术将在数据要素的驱动下得到广泛应用，促进各行业的数字化转型。通过国际合作与竞争，各国将利用数据技术提升国家竞争力，实现全球经济的协同发展。

在当前经济全球化的大潮中，数字化转型已成为不可阻挡的全球趋势。平台经济作为这一转型的核心驱动力，正在对传统的生产、分配、交换和消费模式带来革命性的变革。对于我国这样的经济体来说，平台经济不仅是实现高质量发展的有效途径，更是一个至关重要的战略机遇。

数据要素作为新型生产要素的重要性日益凸显。平台经济通过整合在线资源，为企业提供了开放、共享的创新环境，极大地促进了资源的高效配置和利用。在这一模式下，小微企业和创业者能够借助平台力量，与更广泛的市场接轨，实现快速成长，从而激发市场活力、促进就业、推动经济结构优化升级。同时，平台经济的发展也为制造业的转型升级提供了新的方向，通过捕捉消费者需求，实现个性化定制和灵活生产，提升产品附加值和市场竞争力。

平台经济的数据驱动特性，使企业能够更精准地进行市场定位和决策分析，降低运营成本，提高经营效率。在服务业领域，平台经济通过便捷的在线服务，不断满足和创造消费者需求，推动了服务业的创新和升级。从在线教育到远程医疗，从智能金融到绿色物流，平台经济正引领服务业向更高质量、更加个性化的方向发展。此外，平台经济还利用大数据和云计算技术，提升政府服务的透明度和效率，增强公共服务的精准性和响应速度，从而提高公民的满意度和幸福感。

本篇将系统地探讨数据要素在平台经济中的多重作用、面临的主要挑战及促进其发展的具体举措，旨在为平台经济的健康、有序和可持续发展提供理论支持和实践指导，助力我国经济高质量发展。

# 一、平台经济概述以及与数据要素的关系

## （一）平台经济的定义与特征

平台经济是指通过互联网平台连接供需双方，实现资源高效配置和价值

创造的一种新型经济模式，主要特征包括以下几点：

一是多边市场。平台经济通过连接多个用户群体（如消费者和生产者），形成多边市场，促进各方的互动和交易。

二是网络效应。平台经济依赖于网络效应，即用户数量的增加会提高平台的价值，从而吸引更多用户加入，形成正反馈循环。

三是数据驱动。平台经济依靠大数据、人工智能等技术手段，收集和分析用户行为数据，以优化服务、提升用户体验。

四是开放性与共享性。平台经济强调资源的开放和共享，通过降低交易成本和信息不对称，促进资源的高效配置。

### （二）数据要素在平台经济中的作用

数据要素在平台经济中起到至关重要的作用，主要体现在以下几个方面：

一是个性化服务的提供。个性化服务是平台经济吸引和保持用户的关键。通过细致的数据分析，平台可以深入理解每个用户的独特需求和偏好，然后提供量身定制的产品和服务。这种个性化服务的提供，已经从简单的消费品推荐，扩展到内容分发、搜索结果优化、广告定向投放等多个领域。

字节跳动的视频平台抖音和TikTok，利用先进的数据分析技术和机器学习算法，分析用户的观看历史和互动行为，从而推荐更加贴合用户喜好的视频内容。同样，流媒体服务如Netflix和Spotify也运用类似的技术，通过用户的观看和听歌历史，提供个性化的电影、电视剧和音乐推荐。这些推荐不断自我优化，随着时间的推移，用户发现的内容越来越符合个人口味，这极大地增强了用户的黏性和平台的吸引力。

二是供需匹配的优化。供需匹配是平台经济的运作核心。准确高效的供需匹配可以极大地提升平台的服务质量和用户体验。数据分析在这一过程中扮演了至关重要的角色。通过对市场供需情况的实时分析，平台可以灵活调整资源配置，优化定价策略，提高交易成功率。

共享经济的代表如滴滴出行和优步，通过对城市交通流量、用户需求峰谷和司机分布的实时数据分析，实现了精准的供需匹配。在需求高峰期，平台通过价格调节机制吸引更多司机加入，缩短用户等待时间，提高了服务效率和用户满意度。

三是风险管理的革新。数据的积累和分析在风险管理方面的应用，为平台提供了更为精准的风险预测和控制能力。这包括信用风险评估、欺诈行为检测，以及对市场异常行为的快速响应。

金融科技领域的先行者，运用大数据技术对用户的在线行为、交易模式、社交网络等多维度数据进行分析，构建了综合的信用评分体系。这一体系不仅提高了信用评估的准确性，还能够覆盖传统金融服务难以触及的用户群体，扩大了金融服务的普及率。

四是决策支持系统的强化。数据分析还强化了平台的决策支持系统，帮助管理层在战略规划、市场营销、产品开发等关键领域做出更加受数据驱动的决策。这些决策更加精准、及时，有助于平台快速响应市场变化，把握商业机会。

电子商务巨头如京东和亚马逊，通过对用户的购买历史、搜索习惯、产品浏览数据的深度分析，不仅能够在个人层面提供个性化的购物体验，还能够在宏观层面预测市场趋势，指导库存管理，甚至推动新产品的研发。这样的数据应用不仅提升了用户服务的质量，也增强了平台的市场敏感度和创新能力。

## 二、数据要素在平台经济中的应用场景与实践

### （一）主要应用场景

在平台经济中，数据要素的应用场景广泛而深入，呈现出多元化的发展

态势。数据要素通过不同的应用模式，为各行业的创新发展提供了强有力的支撑。

在协同创新与知识共享场景中，数据要素发挥着基础性支撑作用。通过跨领域数据融合，有效打破传统学科壁垒，为多元化研究合作提供数据支撑。在这一场景下，不同领域的数据资源得以整合，形成开放共享的数据生态系统，促进知识创新和技术突破。数据要素的应用实现了研究资源的优化配置，通过数据驱动的协同机制，最大化了创新效应和知识溢出效应。

产业链协同与供应链优化场景是数据要素应用的重要领域。数据要素通过整合产业链上下游的数据资源，有效消除了信息孤岛和信息不对称问题。通过建立数据可信流通机制，中小企业能够获得更好的授信支持，提升其在产业链中的合作水平和竞争能力。数据要素的深度应用实现了产业链全生命周期的智能化管理，包括生产调度、库存优化、风险预警等多个环节的协同发展。

智能物流与运输装备优化场景展现了数据要素在提升运输效率方面的重要价值。物流运输领域的数据要素应用主要体现在多模态运输数据的汇聚和分析上。通过构建智能分析模型，能够对运输装备的效率和可靠性进行精准评估与持续优化。数据要素驱动的智能化分析不仅提升了运输效率，还推动了运输装备在产品设计和功能方面的创新升级，为整个物流行业的转型提供了技术支撑。

贸易便利化与市场服务场景体现了数据要素在优化商贸环境中的积极作用。在贸易服务领域，数据要素通过融合公共数据和企业数据，构建了综合性的市场服务平台。这种融合模式能够提供从交易展示到资金结算的全流程数据服务，有效降低了交易风险和融资门槛。同时，数据要素的应用增强了国际贸易的预警能力和决策支持水平，为企业拓展海外市场提供了重要的信息支持。

金融创新与风险管控场景是数据要素应用最为活跃的领域之一。金融服务领域的数据要素应用主要体现在结合多维度数据建立新型信用评估体系上。通过利用先进的数据分析技术，能够实现金融服务的普惠化和精准化，特别是在服务传统金融难以覆盖的群体方面发挥了重要作用。数据要素的深度应用显著提升了金融机构的风险识别和防范能力，为金融行业的健康发展提供了技术保障。

### （二）典型实践案例

在数据共享与协同创新方面，北京市的国家空间科学数据中心、国家高能物理科学数据中心和国家天文科学数据中心的实践为科学研究领域提供了典型范例。这一实践通过多元数据融合，支撑了空间与天文科技的创新发现。通过汇聚和共享各类科学数据，这些中心构建了一个跨学科的协同创新平台，促进了科学研究的深入开展。数据共享方面，汇聚了空间科学、高能物理和天文学等领域的大量数据，打破了数据孤岛，实现了数据的互联互通。协同创新方面，通过数据共享平台，科学家可以跨学科合作，利用多元数据进行综合分析，推动了科学研究的创新和突破。

四川长虹电子控股集团有限公司通过建立工业数据空间，打通了测试、生产、库存、应付账款、供应商资信和历史交易记录等数据，既破除了产业链上下游企业之间的信息壁垒，又助力中小微供应商提升授信，促进了产业链供应链的高质量协同发展。数据共享方面，接入多个工业软件系统，对数据进行汇聚、处理和交叉验证，保障数据和行为可信、可证。协同创新方面，通过数据跨域使用控制技术，实现供应链各方的数据可信可控流通，提升了产业链的协同能力和韧性。

在资源配置与优化方面，国家能源投资集团有限公司通过汇聚多种运输装备的运行、故障、维修等数据，构建智能模型，对运输装备的效率和可靠性进行分析，为用户提供运输装备协同制造和优化的解决方案，促进了运输装备专业化数据的规范交易。在资源配置方面，获取600项多模态运输装备数据指标，汇聚22类铁路运输装备、9类港口装备、6类船舶装备的运用状态、故障分析、检修维护等数据。在优化方面，基于高质量数据集，构建运输装备数据资产交易平台，探索形成数据资产定价模型，推动运输装备产品设计和功能优化。

浙江四港联动发展有限公司，通过打造智慧物流云平台，集成浙江省多维度物流大数据，应用物流运单AI智能识别、智能沙箱等技术，实现一站式“查运踪、查船期、查运价、查关务、查航空”，提升了多式联运的承载能力和衔接水平，大幅提升了企业物流效率，降低了运营成本。在资源配置方面，整合打通政务、班轮、码头、货代等100多个系统，汇集海运、空运、陆运、口岸各类物流数据超1.1万项。在优化方面，打造跨运输方式、跨政企、跨省市县企的物流数据枢纽，实现多式联运物流全程跟踪、路径优选等功能。

在信息共享与贸易便利化方面，浙江中国小商品城集团股份有限公司通过公共数据授权运营，融合小商品城企业的数据，推出企业信用、外贸预警等数据产品服务，提高了贸易效率，降低了交易风险，拓宽了融资渠道，助力中国小商品扬帆出海。信息共享方面，通过授权运营方式获取登记、许可、处罚、荣誉等公共数据，融合商品、交易、物流、评价等企业数据。在贸易便利化方面，构建商贸领域线上综合服务平台，提供从展示交易到资金结算和信贷融资等方面的全流程数据服务。

上海钢联电子商务股份有限公司通过融合多方数据资源，打造了系列商品价格指数等产业数据产品，有效提升了大宗商品流通效率，提高了大宗商品国际定价影响力。在信息共享方面，汇聚大宗商品的生产、供应及销售、价格等数据，并融合外部企业提供的遥感卫星数据。在贸易便利化方面，开发了商品价格指数等系列数据产品，服务国内外现货和衍生品市场，提供结算基准和定价参考。

在金融服务创新与风险防范方面，浙江网商银行股份有限公司和蚂蚁科技集团股份有限公司通过与农业农村部大数据中心合作，利用遥感、数字风控等技术的创新结合，结合多方数据建立新型农业信用贷款授信评估体系，提升了金融服务对农户的授信范围和额度，同时提高了金融服务机构的风险防范能力。在金融服务创新方面，利用隐私计算技术，将遥感识别数据、农户个人授权数据和农业农村部的农村土地基础数据、承包数据、农业生产活动等公共数据安全汇集进行联合建模。在风险防范方面，深入挖掘农田遥感数据的价值，结合农户个人授信数据及全量地图数据匹配分析，实时掌握农户种植农田的真实经营情况，用于农业信贷授信评估。

## 三、数据要素驱动下的平台经济面临的挑战

尽管数据要素在平台经济中展现出巨大的潜力和价值，但在其应用过程中也面临诸多挑战。这些挑战不仅影响平台经济的健康发展，同时也对数据要素的有效利用提出了更高的要求。

数据隐私与安全问题是平台经济面临的首要挑战。在数据隐私保护方面，随着数据的广泛应用，用户隐私泄露的风险也在增加。平台需要在数据收集、存储、处理和共享的各个环节，采取严格的隐私保护措施，确保用户数据的安全。例如，欧盟的《通用数据保护条例》（GDPR）对数据隐私保护提出了严格的要求，平台需要确保其数据处理行为符合 GDPR 的规定，包括用户数据的收集、存储、处理和删除等方面的要求。此外，平台还需要建立透明的数据隐私政策，向用户明确告知数据的收集和使用情况，增强用户的信任感。除了法律法规的要求，平台还可以通过技术手段，如数据加密、匿名化处理等，进一步保护用户隐私。

在数据安全防护方面，随着数据量的增加和数据价值的提升，数据泄露和网络攻击的风险也在增加。平台需要采取多层次的数据安全防护措施，确保数据的安全性和完整性。例如，平台可以采用数据加密、访问控制、入侵

检测等技术手段，保护数据的安全。同时，平台还需要建立完善的数据安全管理体系，包括数据安全策略、数据安全培训、数据安全审计等，确保数据安全防护措施的有效实施。为了应对不断变化的安全威胁，平台还需要定期进行安全评估和漏洞扫描，及时发现和修复安全漏洞。

数据质量与数据治理是平台经济所遇到的另一个重要难题。在数据质量管理方面，数据质量的高低直接影响数据分析的准确性和决策的有效性。平台需要在数据采集、存储、处理和分析的各个环节，采取有效的数据质量管理措施，确保数据的准确性、一致性和完整性。例如，平台可以建立数据质量管理框架，包括数据质量标准、数据质量评估、数据质量监控等，确保数据质量的持续提升。同时，平台还需要通过数据清洗、数据校验等技术手段，提升数据的准确性和一致性，确保数据分析的可靠性。为了进一步提升数据质量，平台还可以引入自动化的数据质量监控工具，实时检测和修复数据质量问题。

在数据治理体系方面，随着数据量的增加和数据应用的复杂化，平台需要建立完善的数据治理体系，确保数据的有效管理和利用。例如，平台可以建立数据治理框架，包括数据治理策略、数据治理组织、数据治理流程等，确保数据治理的有效实施。同时，平台还需要通过数据分类、数据标识、数据生命周期管理等技术手段，提升数据治理的效率和效果，确保数据的高效利用。为了确保数据治理的持续改进，平台还可以定期进行数据治理评估，识别和解决数据治理中的问题和挑战。

数据共享与数据孤岛是平台经济所需应对的另一个关键挑战。在数据共享机制方面，尽管数据共享可以提升数据的价值和利用效率，但在数据共享过程中也面临数据隐私保护、数据安全防护等问题。平台需要建立有效的数据共享机制，确保数据共享的安全性和合规性。例如，平台可以通过数据共享协议、数据共享平台、数据共享标准等手段，促进数据的安全共享。同时，平台还需要通过数据脱敏、数据加密等技术手段，保护数据的隐私和安全，确保数据共享的合规性。为了进一步促进数据共享，平台还可以建立数据共享激励机制，鼓励不同部门和组织之间的数据共享与合作。

在数据孤岛方面，由于数据分散在不同的系统和平台中，数据的整合和利用面临诸多困难。平台需要采取有效措施，打破数据孤岛，实现数据的高效整合和利用。例如，平台可以通过数据集成、数据交换、数据中台等技术手段，打破数据孤岛，实现数据的高效整合。同时，平台还需要通过数据标准化、数据互操作等手段，提升数据的共享和利用效率，确保数据的高效利用。为了进一步解决数据孤岛问题，平台还可以引入数据治理委员会，协调不同部门和系统之间的数据整合工作。

数据伦理与数据合规是平台经济长期发展的一个重要议题。在数据伦理方面，随着数据的广泛应用，数据伦理问题也日益凸显。平台需要在数据收集、存储、处理和使用的各个环节，遵循数据伦理原则，确保数据的合法合规使用。例如，平台需要遵循数据最小化原则，仅收集和使用必要的数据，避免过度收集和使用用户数据。同时，平台还需要遵循数据透明原则，向用户明确告知数据的收集和使用情况，增强用户的知情权和选择权。为了进一步提升数据伦理水平，平台还可以设立数据伦理委员会，负责监督和指导数据伦理相关工作。

在数据合规方面，随着各国数据保护法规的不断完善，平台需要确保其数据处理行为符合相关法规的要求，避免因数据合规问题而面临法律风险。例如，平台需要确保其数据处理行为符合《通用数据保护条例》（GDPR）和《加利福尼亚州消费者隐私法案》（CCPA）等法规的要求，包括用户数据的收集、存储、处理和删除等方面的要求。同时，平台还需要建立完善的数据合规管理体系，包括数据合规策略、数据合规培训、数据合规审计等，确保数据合规措施的有效实施。为了进一步提升数据合规水平，平台还可以定期进行数据合规审计，识别和解决数据合规中的问题和挑战。

## 四、促进数据要素驱动平台经济发展的举措

我们已经探讨了数据要素在平台经济中的多重作用及面临的主要挑战。为了促进数据要素驱动的平台经济健康、有序和可持续发展，需要从多个层面采取具体的举措。以下是针对企业、政府和社会各界的具体建议：

首先是建立健全内部监管机制。企业需要主动建立和完善内部监管机制，确保其商业行为符合法律法规和行业标准。强化合规意识，定期进行自我审查，确保不会因追求利益最大化而损害消费者权益或造成不公平竞争。企业应制定详细的合规手册，涵盖数据收集、存储、处理和共享的各个环节，并确保所有员工都接受相关培训。阿里巴巴和京东等大型平台企业已经开始实施严格的内部审计和合规检查，以确保其数据处理行为符合国内外的法律法规。这些企业还设立了专门的合规部门，负责监督和指导公司的合规工作，确保企业在快速发展的同时，能够保持高标准的合规水平。

透明的企业治理结构是企业自律和合规的基础。企业应公开其数据治理政策和实践，确保数据处理的透明度和可追溯性。通过建立透明的治理结构，企业可以增强用户和公众的信任，提升品牌形象和市场竞争力。谷歌和 Facebook 等国际科技巨头已经开始发布年度透明度报告，详细披露其数据处理政策和实践。这些报告不仅涵盖了数据收集和使用的情况，还包括了数据安全和隐私保护的措施。通过这种方式，企业可以向公众展示其在数据治理方面的努力和成就，增强用户的信任感。

其次是推动技术创新与服务升级。技术创新是推动平台经济发展的核心动力。企业应不断投入研发，推动数据处理技术的创新，提升数据分析的准确性和效率。例如，利用人工智能和机器学习技术，企业可以实现更精准的市场预测和个性化服务，提高用户满意度和忠诚度。亚马逊通过其推荐系统，

利用机器学习算法分析用户的浏览和购买历史，为用户提供个性化的商品推荐。这种技术不仅提升了用户体验，还显著增加了销售额。类似地，Netflix通过分析用户的观看历史和评分数据，推荐符合用户口味的电影和电视剧，极大地提高了用户的黏性和满意度。

除了数据处理技术的创新，企业还应积极开发新产品和服务，以满足消费者多变的需求。通过技术创新和服务升级，企业可以保持竞争力和市场地位。例如，在线教育平台可以利用大数据分析学生的学习行为，提供个性化的学习方案，提升教学效果和用户体验。Coursera 和 Udacity 等在线教育平台通过分析学生的学习数据，提供个性化的课程推荐和学习路径规划，帮助学生更高效地学习。同时，这些平台还利用数据分析技术，优化课程内容和教学方法，提升整体教学质量。

再次是制定和完善相关法律法规。随着数据技术的快速发展，现有的法律法规可能难以完全覆盖新出现的问题。政府应及时更新数据保护法律，确保数据处理的合法性和合规性。例如，借鉴欧盟《通用数据保护条例》（GDPR）的经验，制定更加严格的隐私保护措施，保障用户数据的安全。我国于2017 年 6 月起施行《中华人民共和国网络安全法》，对数据保护和隐私提出了明确要求。近年来，我国又相继出台了《中华人民共和国数据安全法》和《中华人民共和国个人信息保护法》，进一步完善了数据保护的法律框架。这些法律法规的出台，为企业的数据处理行为提供了明确的法律依据和指导，确保数据处理的合法性和合规性。

隐私保护不仅是法律的要求，也是企业赢得用户信任的关键。企业应在数据收集、存储、处理和共享的各个环节，采取严格的隐私保护措施。例如，采用数据加密、匿名化处理等技术手段，确保用户数据的安全和隐私。苹果公司在其产品中广泛采用了端到端加密技术，确保用户数据在传输和存储过程中的安全。同时，苹果还引入了隐私标签功能，向用户明确展示每个应用程序的数据收集和使用情况，增强用户的知情权和选择权。

为了防止平台经济中的市场垄断现象，政府应制定和完善反垄断法规，确保市场的公平竞争。例如，针对平台企业的市场行为进行严格监管，防止其滥用市场主导地位，损害消费者利益和中小企业的发展。美国和欧盟近年来对大型科技企业进行了多次反垄断调查和处罚，旨在维护市场的公平竞争。我国也在不断加强反垄断监管，出台了一系列反垄断法规和政策，确保平台经济的健康发展。

最后是推动公平竞争与市场监管。政府需要加强市场监管，确保平台经济中的竞争是公平的，防止市场主导地位的滥用。例如，设立专门的监管机构或者增强现有机构的监管能力，对市场进行有效监督，确保平台企业的商业行为符合法律法规和行业标准。我国设立了国家市场监督管理总局，负责对市场进行全面监管。该机构通过加强市场监管和执法，确保平台企业的商业行为符合法律法规，维护市场的公平竞争。同时，政府还可以通过发布行业指南和标准，规范平台企业的行为，促进行业的健康发展。

为了促进平台经济的多元化发展，政府应通过政策引导和支持，鼓励中小企业参与到平台经济中。例如，通过提供资金支持、技术培训和市场推广等措施，帮助中小企业提升竞争力和市场份额，促进平台经济的健康发展。我国政府近年来推出了一系列支持中小企业发展的政策措施，包括提供税收优惠、融资支持和技术培训等。这些政策措施帮助中小企业提升了竞争力，促进了平台经济的多元化发展。同时，政府还可以通过建立创业孵化器和创新中心，提供创业支持和资源，鼓励更多创业者参与到平台经济中。

通过以上举措，企业、政府和社会各界可以共同努力，推动数据要素驱动的平台经济健康、有序和可持续发展。在这个过程中，数据要素的高效配置和创新实践将成为平台经济发展的关键要素，为我国经济高质量发展提供强大动能。

## 五、数据要素驱动下的平台经济未来展望

随着数据技术的不断发展和应用，数据要素在平台经济中的作用越发重要。展望未来，数据要素将继续推动平台经济的创新和发展，带来新的机遇和挑战。

一是数据要素在平台经济中的核心地位。数据已经成为与土地、劳动力、资本和技术并列的新的生产要素。数据的获取、处理和应用将成为企业竞争力的重要来源。平台企业将通过数据的高效利用，实现资源的优化配置和价值的最大化。未来的电子商务平台将通过更精准的数据分析，提供更加个性化的商品推荐和服务，提升用户体验和满意度。同时，数据还将帮助企业优化供应链管理和物流配送，提高运营效率和降低成本。

数据要素的广泛应用将推动商业模式的不断创新。平台企业将利用数据分析和人工智能技术，开发出新的商业模式和服务形式。例如，共享经济、按需服务和智能制造等新兴商业模式将在数据要素的驱动下不断发展壮大。未来的共享出行平台将通过数据分析，优化车辆调度和路线规划，提高出行效率和用户体验。同时，智能制造平台将利用数据分析和物联网技术，实现生产过程的智能化和精细化管理，提高生产效率和产品质量。

二是数据要素驱动下的技术创新。人工智能和机器学习技术将在数据要素的驱动下得到广泛应用。平台企业将利用这些技术，实现数据的深度挖掘和智能化处理，提升数据分析的准确性和效率。例如，智能客服、智能推荐和智能风控等应用场景，将在未来得到更广泛的应用。未来的智能客服系统将通过自然语言处理和机器学习技术，实现更加智能化和人性化的服务，提升用户满意度。同时，智能推荐系统将通过深度学习算法，提供更加精准的商品和内容推荐，提升用户体验和平台的商业价值。

区块链技术在数据要素的驱动下，将在平台经济中发挥重要作用。区块链技术可以提供去中心化、不可篡改和透明的交易记录，提升数据的安全性和可信度。例如，未来的数字货币、智能合约和供应链金融等应用场景，将在区块链技术的支持下得到快速发展。未来的数字货币平台将通过区块链技术，实现更加安全和高效的支付和交易服务。同时，智能合约平台将利用区块链技术，实现自动化和可信的合同执行，提升交易效率和降低交易成本。

三是数据要素驱动下的社会变革。数据要素的广泛应用将加速各行各业的数字化转型。企业将通过数据技术，实现业务流程的数字化和智能化，提高运营效率和竞争力。例如，制造业、金融业、零售业和公共服务等行业，将在数据要素的驱动下实现全面的数字化转型。未来的制造企业将通过数据技术，实现生产过程的智能化和精细化管理，提高生产效率和产品质量。同时，金融机构将利用数据分析和人工智能技术，实现风险管理和客户服务的智能化，提升金融服务的效率和安全性。

数据要素的应用将推动社会治理的智能化和精准化发展。政府将利用数据技术，实现公共服务的智能化和精准化管理，提高社会治理的效率和水平。例如，智慧城市、智能交通和智能医疗等应用场景，将在数据要素的驱动下得到快速发展。未来的智慧城市将通过数据技术，实现城市管理的智能化和精细化，提高城市运行效率和居民生活质量。同时，智能交通系统将利用数据分析和物联网技术，实现交通流量的实时监控和优化调度，提升交通管理的效率和安全性。

四是数据要素驱动下的全球竞争。随着数据技术的不断发展，数据要素的全球流通和合作将成为趋势。各国将通过数据共享和合作，推动全球经济的协同发展和创新。例如，跨国企业将利用全球数据资源，实现业务的全球化布局和运营，提高全球竞争力。未来的跨国电子商务平台将通过数据共享和合作，实现全球商品和服务的高效流通，提升全球供应链的效率和稳定性。同时，跨国金融机构将利用全球数据资源，实现风险管理和客户服务的全球化布局，提高全球金融服务的效率和安全性。

数据要素的广泛应用将引发国际间的竞争与博弈。各国将通过数据技术的创新和应用，提升国家竞争力和国际影响力。例如，未来的数据技术和数据资源将成为国家竞争的重要领域，各国将通过政策和法规，保护和促进本国的数据产业发展。美国和中国等数据技术领先的国家，将通过政策和法规，推动数据技术的创新和应用，提升国家竞争力和国际影响力。同时，欧盟等地区将通过数据保护和隐私法规，确保数据的安全和合规，促进数据产业的健康发展。

我们可以看到，数据要素将在未来的平台经济中发挥越来越重要的作用。数据要素的高效配置和创新应用，将推动平台经济的持续发展和社会的全面进步。企业、政府和社会各界需要共同努力，抓住数据要素带来的机遇，迎接未来的挑战，实现平台经济高质量发展。

— 第九篇 —

# 算法市场的兴起：概念、挑战与未来发展[①]

林建浩　张一帆　石沛昌　吴俊樊

① 本篇发表于《南方经济》2025 年第 1 期，第 1-17 页。有改动。

## 作者介绍

林建浩，中山大学岭南学院教授、院长，入选国家级人才计划，全国数字经济专业学位研究生教育指导委员会委员。兼任中山大学粤港澳大湾区数字经济与数据科学实验室主任、中山大学数字经济与政策研究院院长、中山大学深圳经济研究院院长。担任《金融学季刊》副主编，《统计研究》《国际金融研究》《计量经济学报》编委，中国数量经济学会常务理事，中国国际金融学会常务理事，广东经济学会常务副会长，广东省数字经济学会副会长，数字广东建设专家委员会委员。

张一帆，中山大学商学院副教授，中山大学金融学博士。主要研究方向为文本分析与机器学习方法应用、资产定价、不确定性等议题。主持国家自然科学基金青年项目、广东省自然科学基金面上项目、中国博士后科学基金面上项目。研究成果发表于《经济研究》《金融研究》以及 *Journal of Banking & Finance*、*Journal of Applied Econometrics* 等期刊。

石沛昌，中山大学岭南学院硕士研究生，主要研究方向为数字经济与企业创新。

吴俊樊，中山大学岭南学院硕士研究生，主要研究方向为数字经济与资产定价。

## 内容摘要

人工智能是新一轮科技革命和产业变革的重要驱动力量，人工智能发展离不开数据、算法和算力组成的“三驾马车”。其中，算法作为激发算力潜能与实现数据价值的重要技术环节，是推进“人工智能+”进程与新质生产力形成的核心驱动力。与数据要素市场相比，算法市场的商业化进展明显滞后，其交易机制和市场结构尚缺少系统深入的研究。

本篇探讨了算法市场的交易标的、市场结构及其关键特征，梳理了算法确权保护和算法流通机制方面面临的主要挑战，并总结了算法确权和流通市场发展的实践探索。通过分析算法市场与知识产权、数据要素市场，我们可以发现算法与知识产权在创新性和虚拟性方面具有相似性，但对隐私数据的依赖性和开闭源算法的差异性使其确权保护更具有复杂性。同时，算法与数据要素市场共享场景依赖和非标特征，但算法更强的外部依赖性对其流通提出了更高要求。针对我国算法市场当前面临的诸多挑战，本篇提出构建以政府和市场双驱动为核心的算法交易与流通机制的政策建议，通过优化确权机制、促进供需匹配、降低使用门槛及推动跨境流通，以促进算法市场的健康发展和广泛应用。

人工智能是新一轮科技革命和产业变革的重要驱动力量，2023 年中国人工智能核心产业规模已经超过 5000 亿元，加快发展新一代人工智能是事关我国能否抓住新一轮科技革命和产业变革机遇的战略问题。2024 年的《政府工作报告》明确指出，促进数字技术和实体经济深度融合。深化大数据、人工智能等研发应用，开展“人工智能+”行动。党的二十届三中全会通过的《中共中央关于进一步全面深化改革　推进中国式现代化的决定》也指出，完善推动新一代信息技术、人工智能等战略性产业发展政策和治理体系，引导新兴产业健康有序发展，培育全国一体化技术和数据市场。这说明，积极培育发展人工智能产业是当前发展新质生产力推进中国式现代化的重要途径，而人工智能发展离不开数据、算法和算力组成的“三驾马车”。其中，数据市场建设进入了有序规范的快速发展阶段，全国已有多家数据交易平台；算力建设作为新时代基础设施已具备相当规模，并已形成“东数西算”等战略布局。相比之下，算法作为激活算力潜能、释放数据价值的关键技术环节，其市场化进展相对滞后，尤其缺少规范且高效的算法流通交易平台，这极大地限制了前沿算法的开发、推广与应用。

算法是一系列清晰定义的、用于解决特定问题或执行特定任务的指令集合。这些指令可以被计算机直接执行，通过逻辑判断、迭代计算等方式实现数据处理、分析和决策。随着人工智能发展对前沿算法的需求不断增大，算法流通与交易活动逐渐增多，这类以虚拟算法商品为标的的交易活动逐步受到学术界与实务界的关注，并被称为“算法市场”① （Kumar et al.，2021；Gorwa and Veale，2024）。算法市场研究最早来自机器学习和人工智能算法的

① 以算法为标的的交易活动也被称为“算法交易”，但该说法容易与基于算法程序的自动化股票交易相混淆，本篇参考相关文献采用更为准确的“算法市场”提法。

发布、共享和商业化实践，包括 Algorithmia、Hugging Face 和 Gravity AI① 等。这些平台除提供与开源平台类似的代码托管与代码共享等功能之外，更加注重实现算法交易与流通的商业化。研究认为，算法市场可以连接算法的需求方与供给方，实现算法模型、算法服务乃至算法解决方案的交易与共享。现有研究主要关注算法市场的交易标的、市场结构、交易安全性等方面。算法市场的交易标的不仅可以是指通用算法程序，也可以是指基于特定数据集训练得到的模型，其具有特殊的模型参数和预测能力（Chen et al.，2019）。除了直接实现算法供需双方的匹配，算法市场还要求算法审计师对算法模型的有效性进行独立的专家评估。此外，随着区块链等技术的快速发展，算法市场可以利用基于区块链的智能合约解决信任、激励和模型验证等关键问题，推动算法流通（Ouyang et al.，2020）。

尽管已有文献开始对算法市场建设提出构想，当前算法市场依然面临着权益保护、价值评定和供需匹配等方面的诸多挑战。一方面，传统开源社区、学术研究项目通常没有将算法商品化的机制，这类算法开发者的主要目的并非算法流通或交易，因此这类平台转型算法市场在算法保护、应用和优化改进等方面存在种种困难。另一方面，由企业运营的算法流通交易平台规模有限，且在算法保护方面完全依赖自身的技术保障，运行效率相对较低。尚未健全的算法确权与保护机制也导致现有的算法流通对前沿技术的覆盖面有限，市场中流通的算法模型可能远远落后于相应领域最先进的模型。与此同时，数据与算法联系紧密，两者的发展是螺旋提升的，算法作为数据和技术的结合体，由于数据隐私和保护问题，其在流通过程中通常无法提供用于训练该模型的数据集，导致缺乏对算法商品的可溯源性和可审计性。

---

① Algorithmia 是成立于 2014 年的面向开发者和企业的算法市场平台，企业和开发者可以直接在平台上获取算法，而无须重复开发。Hugging Face 成立于 2016 年，以自然语言处理领域的模型和工具闻名，是一个用户可以上传、共享以及下载各种预训练的机器学习模型的开放平台。Gravity AI 成立于 2019 年，是一个专注于为企业提供可交易机器学习模型的市场，主要面向开发者和企业的算法交易与商业化应用。

本篇从算法的特征及流通机制出发，探究了算法市场的基本概念、主要挑战和应对思路。首先，结合已有研究明确算法市场这个新的概念，包括交易标的和市场结构。其次，总结了算法市场在确权保护与流通机制两个方面面临的主要挑战，并梳理当前各类算法市场的实践探索，系统介绍了算法确权在备案与登记方面的进展，以及不同流通模式下算法市场的发展现状，并总结中国市场当前面临的主要问题。针对这两个方面的问题，本篇提出将算法确权与现有知识产权保护体系相对比，将算法流通与数据要素市场相对比，归纳算法市场与这两个市场之间存在的共性问题与特殊之处，以此给出应对思路。

## 一、算法市场的概念兴起

随着人工智能发展对前沿算法的需求不断增大，算法模型流通与交易活动逐渐增多，学术界也开始关注这类特殊的流通交易活动。Jordan（2019）指出，有必要在销售数据的市场上发展直接销售算法模型的市场，并以此推动人工智能快速发展。以虚拟算法商品为标的的交易平台被称为“算法市场”（Kumar et al.，2021；Gorwa and Veale，2024）。在这类市场中，算法开发者、数据科学家、研究机构乃至企业可以发布自己研发的先进算法模型，这些模型可能涵盖人工智能的各个领域，如自然语言处理、图像识别、预测分析、智能推荐等。尽管这类市场旨在帮助需求者以合法和低成本的方式访问算法产品或算法服务，但仍面临市场交易制度不健全、数据隐私保护缺失、算法保护不足等问题。对此，已有研究对算法市场的不同方面提出建设构想。在技术方面，Sarpatwar 等（2019）和 Somy 等（2019）探讨了区块链技术在构建人工智能算法市场中的应用，提出通过实现分布式协议保障隐私和消费者利益，解决信任、公平性和审计性问题。在市场运行方面，与传统的软件市场（即应用商店）不同，算法市场允许算法需求者依据自身特定需求即时申请新产品或服务，算法市场可以将其与具有相关专业知识的开发者进行匹配；同时，为避免网络攻击和知识产权泄露风险，部分专有算法无法在应用商店中与广泛的受众共享，而需要额外的保护措施。整体来看，已有文献对算法市场的技术或运行机制等个别问题提出构想，但是对于算法市场的基本概念阐述仍不够清晰。本篇将从算法市场的交易标的、市场结构和关键特征维度，对其进行更全面和深入的分析。

### （一）算法市场的交易标的与市场结构

首先，算法市场中的交易标的既可以是完整算法，也可以是算法模型的关键参数或者模型输出。其中，完整的算法模型是指解决特定问题的一系列步骤和方法，一般表现为某种抽象的计算过程，由一系列有序的计算步骤或规则组成。随着科学技术的进步，算法的概念也在不断演变和拓展。具体而言，可以将算法的发展分为三个阶段：数学算法、计算机算法和智能算法，这三个概念从狭义到广义，从简单到复杂，从静态到动态，反映了算法的演化和创新[①]。算法作为一种非物质的数字产品，主要具有赋能性、内嵌性和虚拟性三点独有的特征（马艳和陈尧，2023）。第一，赋能性指算法可以改造和增强其他数字或实物产品，使其具有更高的智能和价值（Kelly，2017）。例如，自然语言处理领域的算法能够帮助计算机理解非结构化的文本数据，从中提取出文本情绪、文本主题、文本语义结构等具有意义的结构化指标信息，并实现文本翻译、问答系统等一系列智能效果。第二，内嵌性指算法可以与人、物、劳动和技术等各种要素相互融合和影响（杨善奇和刘岩，

① 数学算法是最早的算法，主要用于数学问题的求解，如欧几里得算法、牛顿迭代法等。计算机算法是预先定义好的计算机指令序列，由计算机按照一定的步骤或次序执行，进而实现计算、数据处理和推理的算法，如排序算法、搜索算法、加密算法等。智能算法是能够模拟、扩展甚至超越人类智能，通过学习、推理和自我修正来处理和分析大量数据，从而达到解决复杂问题目的的算法，如机器学习算法、优化算法、推荐算法等。

2021），如当前各类推荐算法在社交媒体信息传播当中扮演重要角色，并以潜移默化的方式影响着政治、经济、社会与文化等多方面。第三，虚拟性指算法具有虚拟产品的特征，如非稀缺性、非排他性和非消耗性等，即算法理论上可以被无限复制、共享和使用。此外，算法成本主要集中在研发阶段，复制和传播成本几乎为零，算法收益则随着使用者的不同而存在较大差异，即对于算法价值的评估会根据实际应用场景和任务目标的不同而存在异质性。

除了完整算法，算法市场中的交易标的也逐步拓展至模型参数和模型输出。其中，模型参数指的是算法开发者基于特定数据对算法训练后得到的参数，可以为其他开发者在相似算法开发中提供调整算法性能和适应特定需求的关键信息，节省训练时间和计算资源，并可以在一定程度上规避训练数据泄露的问题。此外，模型输出可以被视为一种算法服务产品，开发者无须提供完整的算法，只需提供算法的输出结果。通过这种方式，用户能够以较低的成本和简便的方式满足特定的需求，而不需要深入了解算法的内部机制或进行复杂的开发工作。这样，算法市场不仅扩大了交易标的范围，也促进了算法应用的广泛普及。

其次，算法市场包含算法开发者、算法需求者、数据所有者、算法审查者和市场监管者，并由中央管理机构负责运营，如图 9-1 所示。其中，算法开发者、算法需求者和中央管理机构是算法市场成立的最基础参与者。算法开发者可以在市场上销售其预训练的算法模型或针对具体的算法需求进行研发，并将开发后的算法产品进行出售或者授权使用。算法需求者则是支付报酬并使用算法的购买方，主要根据自身业务实践提出算法需求并最终使用算法完成具体业务。中央管理机构负责验证所有参与方的身份，确保市场的平稳运行，维护所有算法流通交易活动的不可变记录。中央管理机构可以是政府部门，也可以是第三方算法服务商组织。算法服务商可以为供需双方提供各项标准化服务，改进匹配机制，高效解决争端，确保市场的流动性。在这种模式下，中央管理机构一般通过对每笔成功交易收取的手续费来获得基本收入支持。

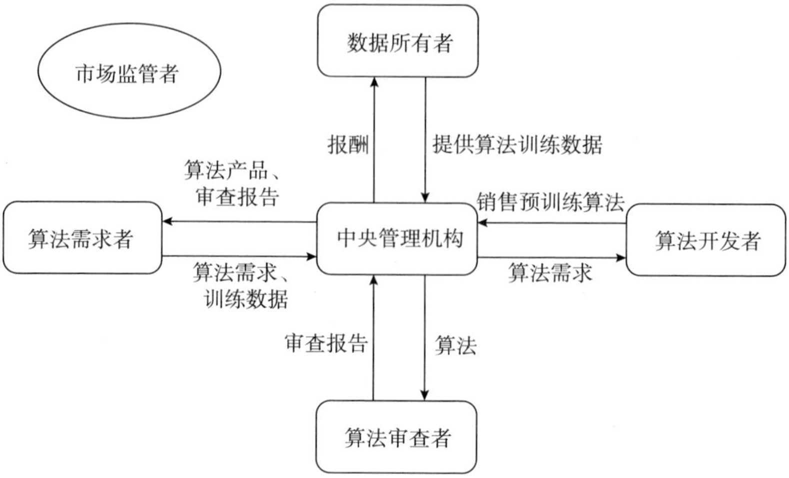


**图 9-1 算法市场的基本参与者**

资料来源：笔者基于 Kumar 等（2021）重新梳理。

除了三类基础参与者，算法开发还会涉及训练数据支持、算法审核和市场监管等其他环节，与之对应的是另外三类市场参与者。数据所有者是为算法开发提供数据的支持方，主要解决算法开发过程中标注数据或者现实数据不足的问题。算法审查者是指通过设立专门的审查机构或专家团队对算法进行合规性、有效性审核，并给出审查报告，确保其符合相关法律规定以及技术要求。市场监管者一般是政府监管部门，负责监督算法市场的正常运行与争议处置。在当前框架下，算法审查者和市场监管者是负责对算法确权验证及维护市场的管理者。在避免利益冲突的前提下，单个实体可以同时担任多个角色，例如算法需求者可能同时也是数据所有者，但算法开发者不能同时担任算法审查者和市场监管者。

在算法市场的运行过程中，算法需求者可以提供训练数据集并提出具体的算法需求，由算法服务商为其匹配合适的算法开发者。如果模型训练需要额外的数据，还可以由其他数据所有者提供相应的数据集完成算法开发。中央管理机构负责对训练数据进行脱敏和加密处理，可以通过提供算力资源和算法开发环境避免算法开发者直接接触原始数据集，保护数据所有权和隐私安全。在此过程中，算法审查者对开发的算法质量、权属等进行评估和登记，并对不同的训练数据源进行贡献评定，确保交易的可信和公平。

### （二）算法市场的关键特征

从商业运营的角度，算法市场与实体商品线上交易市场相似（Kumar et al.，2021），都是为了撮合供需双方达成交易并提供相应的服务。算法市场旨在达成以下两个目标：①算法开发者能够在市场中销售其算法模型，并获取相应的利润；②算法需求者能够以合理的价格购买其所需要的算法，或者根据其特定需求定制算法。在此过程中，算法市场还涉及算法确权、审核和定价等。由于产品性质不同，算法市场存在以下几个方面的特殊性：

第一，交易形式丰富。算法可以通过赋能数据、业务流程或其他产品服务，提供更多价值，因此算法市场相比实物市场具有更为多样的交易形式。算法市场不仅限于将算法作为独立的产品进行买卖，还可以与数据、业务流程或其他产品服务结合，形成复合型交易模式。多样化的交易形式为市场参与者提供了更广泛的选择，使算法市场能够适应更多元的市场需求和应用场景。

第二，场景依赖性强。算法市场需要围绕特定场景进行定价。算法的效用取决于其目标、数据和应用场景等因素，同一算法对于不同使用者的效用存在差异。这意味着算法使用者需要根据自己的需求和偏好来选择和评估算法，而不仅依赖算法技术参数等客观评价指标。

第三，强监管需求。由于算法是一种虚拟的信息产品，其价值和质量难以被直观地观察和衡量，因此其相关交易活动需要更强的监管。同时，算法几乎为零的传播成本意味着算法所有者可以通过算法交易获得持续的收益。此外，算法市场也需要通过技术手段避免购买者的转售行为，这要求交易平台不仅需要提供合理的算法确权和定价机制，还要以强监管力度保护算法市场参与者的权益。

基于算法市场的交易标的、市场结构与几个关键特征，不难发现算法市场的概念与数据市场、软件市场、知识产权市场紧密联系，有必要探讨这些相似概念之间的联系与边界。首先，算法市场与数据市场联系紧密，交易标的都具有赋能性、内嵌性和虚拟性特征，而且算法需要依赖数据来实现价值。但是，算法的流通一般不涉及数据所有权的转移，而是涉及交易模型、关键参数等实现数据处理功能。实际上，随着数据交易从数据所有权与使用权拓展到数据产品，算法交易与数据交易的边界也逐渐模糊。基于特定数据得到的模型参数和模型输出也可以被认为是一种广义的数据产品，因此算法市场和数据市场的边界也将随着实践探索而不断变化。其次，知识产权市场是指非实物形式智力成果的流通，可以在一定程度上涵盖软件市场与算法市场。算法市场和软件市场在防止恶意代码传播、保护知识产权方面是类似的。但与软件市场相比，算法市场不仅交易具有通用功能的成品，还包括模型定制和参数优化，其交易标的形式丰富且与特定场景联系更紧密。因此，算法市场和软件市场的边界集中体现在产品的非标准化和数据依赖性。综合来看，算法市场位于数据市场和知识产权市场的交集，既需要确权保护，又需要在特定场景中动态实现价值。

## 二、算法市场面临的主要挑战与实践探索

### （一）算法市场面临的主要挑战

基于算法市场的关键特征，相较于传统实体商品的线上交易市场，算法市场在算法确权与流通机制方面面临更加复杂和突出的挑战。由于算法本质

上是一种无形的智力成果，其权属难以像实体商品那样明确界定。这导致算法的确权过程复杂化，不仅涉及算法本身的原创性，还涉及对其开发过程和应用场景的综合考量。此外，算法在市场中的流通也面临诸多问题，如确保算法的合法使用、防止未经授权的复制和滥用，以及在交易过程中保护算法开发者的权益等。这些问题的解决关系到算法市场的健康发展和创新活力的持续释放。

在算法确权方面，算法市场面临算法权益难以界定其归属和范围的问题，难以有效地防止和解决算法的侵权和纠纷。一方面，算法种类繁多，同一算法可能涉及不同领域和功能；另一方面，算法抄袭复制的鉴别成本极高，如他人将算法代码破译后以同样逻辑重新编写，需要专业的技术和法律知识予以判断是否涉及侵权。当前算法的开源协议具有明确规则①，但其执行面临挑战，尤其在于如何确保使用者遵守协议中的开源传染条款。开源协议通常要求使用者在基于开源代码进行二次开发后，将其成果同样开源或者支付“闭源费”获取使用权。尽管部分开发者会在代码中留下特别“算法水印”，以便监控是否有人违反协议，但是，小型开源项目的作者往往难以追踪使用者，缺乏资源来强制执行开源协议。这些问题也导致了算法治理中的责任性风险，当算法的决策或应用结果损害了特定主体的权利时，缺乏清晰的归责原则，难以实现有效的利益救济（贾开和薛澜，2021）。例如，人工智能算法“生产”的文学或音乐作品可能涉及侵犯他人的著作权或版权，但责任不能简单地归咎于算法的设计者或应用者，因为他们并不能完全控制算法的输出，也无法完全预测算法的输出结果。近年来发生的一些软件知识产权案件，如软件自由保护协会诉讼 Vizio 违反 GPL 和甲骨文诉谷歌版权侵权案等，也

① 当前主流的开源协议包括 MIT、GPL、Apache 2.0、BSD 和 Mozilla Public License 等。它们都有明确的规则来保护开发者和用户的权益：MIT 和 BSD 许可证允许几乎无限制地使用和分发，只需保留版权声明；GPL 要求衍生作品保持相同的开源许可证，确保软件自由传播；Apache 2.0 提供专利授权并防止专利诉讼；Mozilla Public License 允许混合使用开源和专有代码，但修改后的文件必须保持开源。这些协议通过详细的条款规定了如何使用、修改和分发软件，以确保各方的合法权益得到保护。

表明软件行业对于开源法务和合规的意识正在增强。

在流通机制方面，算法市场面临定价困难且监管空白的问题。出售算法的边际成本几乎为零，而算法使用者对同一算法的效用取决于具体需求，可能存在较大差异，因此算法的价值存在“双向不确定性”。此外，不同于大多数商品“先了解后使用”的模式，多数算法的了解过程与使用过程重叠，其可用性无法事先确定，使算法的定价难度远大于其他产品（王璟璇等，2021）。目前，大部分算法的定价均为针对特定应用场景的非标准化定价，缺乏统一的定价机制。此外，算法作为数字和虚拟产品的特性对流通和监管机制提出了特殊要求。目前尚未有监管机构和法律法规对算法流通进行监管，缺乏权威、统一的算法可信流通环境，因此算法交易双方难以有效建立信任机制。在交易事前，可能出现“千人千价”等大数据杀熟行为，同时因为缺乏针对算法所有者和算法产品的评估体系，算法质量和合法性难以保障。在交易事后，由于缺乏可信的第三方监管，后续的算法运行、优化和保护等环节缺乏标准化规范，算法安全和应用难以得到保障。

### （二）算法确权的备案与登记

当前算法市场在算法确权方面主要依靠开源社区自律、算法备案与登记。人工智能的快速发展受益于大量开源算法和信息共享，开源社区仍是全球算法生态与治理的重要依托。《AI 框架发展白皮书（2022 年）》指出，开源社区通过提供代码开源、项目托管、协作分享和沟通交流等一系列活动，实现了算法的流通和共享，促进了算法的创新和优化，也吸引了大量的开发者和用户。然而，开源算法对代码和技术方案的公开容易导致算法重复保护和权利主体不明确，并产生安全风险和法律难题。例如，代码库中的安全漏洞风险、开源漏洞传播性风险和开源许可证风险等可能影响算法的质量和信任度，并威胁算法的使用者和受益者的权益。而算法确权机制可以有效地与开源社区互补，为算法开发者提供更多的传播渠道和安全保障，以平衡算法的开放和安全、利益和责任。此外，主要开源社区的相关指标，如 Github 和 Gitee 的活跃度、关注度和贡献者规模等，可以体现算法确权的需求和水平。

在法律保护上，国外法律实践主要集中在知识产权保护和数据隐私领域，我国尚未有明确法律法规对算法提供特定保护。在知识产权保护方面，国际上，有人类作者明确介入和贡献的算法代码可以通过版权法或者商业秘密法规寻求保护。例如，美国的《商业秘密保护法》（DTSA）为算法模型和训练数据提供了商业秘密保护，保护算法的核心逻辑和参数，尤其适用于私有算法或闭源算法，防止其未经授权的泄露或使用。我国目前主要依靠知识产权领域的法律对算法进行规范和保护，但算法在法律上仍未被直接纳入知识产权的保护范畴。《中华人民共和国专利法》和《中华人民共和国著作权法》中对算法的保护相对有限，未针对算法本身提供保护。在数据隐私方面，欧盟制定了《通用数据保护条例》（GDPR）、《可信赖人工智能的伦理准则》、《人工智能法案》（AI Act）等一系列法案，对算法提出了透明性、可解释性和责任机制要求，对高风险算法要求进行更详细的透明度报告、用户知情告知、记录存档和定期审查。2022 年，国家网信办牵头建立了算法备案机制，要求算法的提供者和使用者按照规定向相关部门备案算法的基本信息、功能、数据来源、输出结果等，以便监管部门对算法的合法性、合规性和安全性进行审查和监督（张吉豫，2023）。这一机制旨在通过算法治理实现数字向善的目标，即保障算法的公平、透明、可解释和可控，同时尊重和保护算法涉及的个人和社会权益。但是，这一机制是否适用于开源算法，如何保证开源算法备案的及时性和准确性，以及如何避免开源算法的滥用和过度监管，都是需要进一步探讨和解决的问题。

在行政保护上，算法确权和保护主要通过支持地方建设算法服务中心进行。例如，北京算法登记服务中心实施算法登记制度，引入企业级的专业代码审核，为已经在网信办备案的生成式人工智能、大语言模型提供算法登记和确权服务。北京算法登记服务中心旨在帮助人工智能初创团队和企业的算法资产进行确权、鉴权，充分利用区块链可追溯、不可篡改特性，保护初创团队和企业合法权益。深圳（前海）大模型和算法创新服务中心则围绕大模型和算法备案，提供备案咨询、辅导培训和预测试等服务。但目前全国仅有2家算法服务中心，辐射范围有限，且确权效力和效果有待进一步考察。

除了法律保护与行政保护，一些机构和标准提出了可用的算法可信评价指标和方法。例如，数据要素PDCA可信模型将代表算法合规信任的安全性、功能信任的高效性和伦理信任的公平性作为算法可信的评价指标①。清华CoAI小组针对模型伦理安全推出的中文大模型安全评测平台，以及某集团发布的大模型安全一体化解决方案，基于大模型安全评测平台思路给出解决方案。

整体来看，算法确权是一项重要的工作，既关系算法的创新和应用，也关系算法开发者和使用者的权益。国内外关于数据、算法等数字资产的法律监管都处在不断探索的阶段，其中国外法律在知识产权、个人隐私方面对算法模型提出了更高的监管要求，也对算法开发者的权益进行了更充分的保护。相比之下，我国的算法登记与备案为算法的确权和保护提供了有益的探索和尝试，但也存在算法登记的效力和效果不确定、算法备案的专业性和时效性不足、算法的评估和价值不透明等难题。此外，对于算法的技术保护也可以与算法确权和保护手段做进一步结合。在开源社区的背景下，算法确权需要更加平衡算法的创新和保护、开放和安全、利益和责任。

### （三）算法流通的多模式并行

算法流通作为新概念，当前算法市场呈现多种流通模式并行发展的趋势。为了满足不同需求，各个平台和机构提供了多种类型和功能的算法流通交易

---

① PDCA指的是主体可信（Participant）、数据可信（Data）、合约可信（Contract）和算法可信（Algorithm）。

服务，包括全栈式服务平台、细分领域服务商、第三方算法市场和数据交易所的算法流通交易板块等。这些服务涵盖了通用型算法、定制化方案和撮合交易等多种产品类型，具体如表 9-1 所示。

**表 9-1　不同算法市场模式的对比**

| 类别 | 全栈式服务平台 | 细分领域服务商 | 第三方算法市场 | 数据交易所的算法流通交易板块 |
|---|---|---|---|---|
| 代表性机构 | 阿里巴巴、腾讯、谷歌、微软、亚马逊AWS Marketplace、IBM watsonx. AI | 海康威视、萤石商店、Modelplace AI、Nuance | Algorithmia、极视角 | 广州数据交易所 |
| 主导方 | 企业 | 企业 | 企业 | 政府 |
| 算法供应商 | 平台自身<br>外部开发者 | 平台自身 | 外部开发者 | 外部开发者 |
| 主要功能 | 撮合交易<br>定制化服务 | 特有模型<br>定制化服务 | 撮合交易 | 撮合交易 |
| 产品类型 | 通用型算法<br>定制化方案 | 定制化方案 | 通用型算法<br>定制化方案 | 通用型算法<br>定制化方案 |
| 现有不足 | ①确权制度不完善；<br>②定制化价格高 | ①应用领域非常有限；<br>②定制化价格高 | ①确权制度不完善；<br>②通用模型适配度低；<br>③定制化价格高 | ①算法质量和数量有限；<br>②通用模型适配度低；<br>③定制化价格高 |

资料来源：笔者整理。

第一，全栈式服务平台不仅作为第三方平台撮合算法供需方达成交易，同时也作为算法供应商提供通用算法模型和定制化服务。平台通过提供全栈支持，包括底层硬件、开发工具、通用模型和云计算基础设施等，使用户能够部署、管理并监视其模型，形成完整的供需链和产业生态，主要包括百度、阿里巴巴、腾讯、华为、谷歌、微软、Amazon 等头部 AI 巨头搭建的开放平台，例如 Amazon 的 AWS Marketplace 为其客户提供各种预构建的模型和算法，涵盖与业务分析、计算机视觉、医疗保健以及文本和语言处理相关的领域，主要采用按小时、按天等收费的订阅模式（Nizamis ct al.，2023）。这类平台主要存在算法确权制度不完善和定制化方案价格高的问题。

第二，细分领域服务商主要指垂直领域的 AI 公司建立的算法市场，如海康威视 AI 开放平台、萤石算法商店、Modelplace AI 和 Nuance①。这些平台通过其在特定领域积累的经验、数据和口碑，为特定行业客户提供定制化解决方案。这类平台的算法资源主要是由平台自身提供，存在较为严重的应用领域受限问题，难以促成大规模的交易活动。

第三，第三方算法市场主要包括 Algorithmia、极视角和钛灵科技等创业公司搭建的开放算法市场。这些市场通过整合各类算法资源，使开发者能够发布、销售和共享其算法，以市场化的方式促成算法交易，并设有与应用商店类似的评级和评论功能，帮助企业筛选合适的算法。第三方算法市场为解决个人开发者品牌信任度不足和小微企业定制化模型开发成本高的问题提供了新的探索思路。但作为企业主导的平台，这些市场仍存在算法确权制度不完善等问题。

第四，数据交易所的算法流通交易板块。依靠成熟的数据交易生态，部分数据交易所已经开始布局算法流通交易板块，如贵阳大数据交易所的算法模型板块、广州数据交易所的模型算法板块等。这些板块的主要业务模式是撮合算法供需方，算法供给方提供通用型算法模型或定制化算法服务。然而，这部分交易活动作为数据交易所的一个细分板块，算法质量和数量仍非常有限，截至 2024 年 5 月，贵阳大数据交易所平台仅有 30 项“算法模型”标的产生过 1~8 笔交易，其余均为 0 笔交易；广州数据交易所平台中仅有 11 家企业提供的 31 个模型算法且未披露交易次数。

与国外算法市场相比，我国算法市场整体上仍处在初期探索阶段。国际

① Nuance 是一家语音识别技术公司，2022 年被微软收购后与 OpenAI 的 GPT-4 模型进行合作，推出 Dragon Ambient eXperience（DAX™）Express 的 AI 临床文书应用，通过语音识别算法智能识别医生与患者的对话，然后将数据输入到电子病历中自动创建临床记录，由此提升医生的诊断效率。另外，Nuance 通过提供医疗语音转录算法技术，服务 77%的美国医院，以极大减少医生的文书负担。

上，以 Algorithmia 和 Gravity AI 为代表的算法交易平台已搭建起了成熟的算法交易和管理模式。Algorithmia 自 2014 年开始运营，建立了活跃的算法社区和规范的交易机制，通过开源算法的相互改进和非开源算法的运行监控确保算法的质量，并搭建开发者声望系统和用户评价体系为算法选择提供了可信依据。这种基于社区和评价的模式有效地提高了算法的可靠性和用户的使用信心。Gravity AI 则在运营机制上重点优化算法审核和部署流程。每个模型在上线前都需通过严格的审核流程，包括输入输出格式、性能可靠性、安全性等多方面。此外，Gravity AI 强调算法模型的无代码和低代码的应用，鼓励将复杂的算法转化为简单易用的应用程序，简化了模型使用流程。这种无代码化的设计不但降低了技术使用门槛，还增加了模型的市场适应性和普及度。当前我国以数据交易所算法流通交易板块和大型科技企业的服务平台为主导，不同的算法市场都致力于促进算法的应用和商业化，但在活跃度和规模上仍相对不足，算法市场建设在交易形式、运营模式等方面仍存在诸多探索空间。

### （四）中国算法市场当前主要问题

通过梳理算法确权和算法流通的国内外相关实践，本篇提出推动中国算法市场发展需要解决“审核备案—供需匹配—应用门槛—跨境监管”四个方面的问题。

第一，算法权益保护不足，缺少透明的审核备案规则以及可置信的算法流通环境。当前，算法权益保护机制不够健全，导致算法开发者在权利确认和维护方面存在诸多困难，尤其在面对恶意传播或抄袭算法时，缺乏有效的维权渠道和法律支持。例如，2020 年修正的《中华人民共和国专利法》和《中华人民共和国著作权法》中对算法的保护相对有限，前者中最符合算法定义的为第二十五条中第二项“智力活动的规则和方法”，不授予专利权；后者只在第三条中对“计算机软件”，即算法的表现形式进行保护，未针对算法本身提供保护。此外，缺乏清晰的审核和备案流程使算法资产的合法性和合规性难以验证，造成流通环境的不确定性和风险。由于缺乏透明的审核机制，开发者对其算法的市场地位和知识产权保护充满疑虑，这不仅抑制了创新积极性，也使潜在投资者对算法项目的信心降低，从而影响市场的活跃度。

第二，当前算法流通场内交易发育不充分，中小企业获取前沿算法资源较为困难。一方面，我国目前场内算法市场规模较小，部分数据交易所开设了算法流通交易板块，但交易规模和活跃度均较低。大量的算法需求只能通过场外企业主导的算法市场完成交易，然而部分用于模型训练的数据可能具有专有性和敏感性，存在一定的数据安全或隐私风险。另一方面，大部分算法开发者倾向于面向通用场景进行研发，中小型企业虽然自身拥有数据，但面向业务需求独立开发算法需要强大的研发能力和算力资源，较高的研发门槛导致企业无法充分发挥数据价值。

第三，人工智能算法的算力需求与部署难度有所上升，前沿算法的使用门槛较高。一方面，随着 AI 技术的发展，对算力的需求激增，然而现有的算力资源在地域和行业之间分散。对于资源相对有限的中小企业而言，高昂的算力支出不仅限制了其技术应用的广度和深度，还直接影响了企业运营成本，制约了中小企业的技术创新。这也反过来影响了算法市场的整体活跃度。另一方面，前沿算法迭代更新速度快，但不同开发者所使用的开发环境和工具链存在显著差异，造成算法开发与部署的标准化不足。不同基座模型之间的切换成本较高，开发者在迁移算法时往往需要重新调整模型和优化参数，增加了开发复杂性和时间成本。

第四，国际数据和算法监管趋严提高了算法监管与跨境流通的复杂性。国际上，欧盟制定了《通用数据保护条例》（GDPR）和《可信赖人工智能的伦理准则》等一系列法案，围绕算法决策的实施来构建具体监管规则。我国自 2021 年以来相继出台了《关于加强互联网信息服务算法综合治理的指导意见》《互联网信息服务算法推荐管理规定》，以互联网信息服务中的算法推荐服务为客体进行了初步的算法监管立法探索。此外，不同国家在安全、数据隐私等方面的法规可能存在差异，例如，新的美国法规要求公司获得特殊许可证才能出口某些地理空间 AI 软件。因此，算法市场监管不仅需要适应国内法律规定，还需要约束采用国外数据或模型参数的算法产品符合国际要求。与此同时，算法资产相比数据资产在所有权、质量评估等方面具有一定优势，适合作为数字资产跨境流动的试验，但国内外监管差异是实现跨境流动必须解决的问题。

## 三、算法市场、知识产权保护与数据要素市场

算法可以视为一种不同于传统技术的新型科技创新成果，为这种数字技术成果的交易和流动构建的“算法市场”，必然与为传统技术成果构建的交易和流通市场紧密相关。结合前文对算法市场面临的主要挑战与实践探索，以及算法市场与知识产权、数据市场的概念边界，本篇认为算法在确权保护方面与知识产权更为相似，在市场上的流通机制则与数据市场具有较强的可比性。一方面，算法作为创新性的智力成果，其核心价值在于其独特的逻辑结构和创新性应用，这些特性与知识产权所保护的核心内容——创新思想、技术方案等高度契合。另一方面，算法和数据均依赖于高度虚拟化的交易环境，且均表现出强烈的场景依赖性。算法模型的部署、优化与应用，往往需要根据具体的数据集和业务场景进行调整，这一特点与数据在市场中的流动和价值实现过程不谋而合。因此，本篇通过对比算法市场与知识产权、数据市场，参考知识产权领域对创新性和独创性的保护，以及数据市场对虚拟资产交易的运作机制和市场结构相关研究，探讨算法确权和流通方面的未来发展思路。

## （一）算法确权与知识产权保护研究

算法作为计算机技术领域的创新技术和成果，一方面可以作为方法发明纳入专利保护；另一方面可以通过计算机软件载体进行著作权保护，与知识产权概念高度相关。目前，已有大量文献从专利、著作权、商业秘密等角度讨论了算法的知识产权保护路径（王德夫，2021；靳雨露和肖尤丹，2022），可为算法确权提供研究借鉴。

知识产权保护是一个涉及创新成果交易和保护的市场体系，涵盖了专利、商标、著作权等不同类型的知识产权。截至 2023 年，中国发明专利有效量为 499.06 万件，有效注册商标量为 4614.64 万件[①]，与此相对应的是不断增强的知识产权保护体系，主要包括行政保护、法律保护和技术保护等方面。其一，行政保护是指国家知识产权局支持地方建设了知识产权保护中心和快速维权中心[②]。其二，法律保护是指《中华人民共和国专利法》《中华人民共和国商标法》《中华人民共和国著作权法》等知识产权领域的法律规范了知识产权的创作、使用、转让和授权等行为；此外，最高人民法院于 2019 年成立知识产权法庭[③]。其三，技术保护是指使用加密、防篡改等技术来防止知识产权的非法复制、传播和使用。研究表明，区块链技术和智能合约的应用可以简化知识产权确权流程并降低成本，同时提高了交易的透明度和效率（华劼，2018）。

知识产权保护能有效减少知识产权侵权现象，对推动知识产权市场发展乃至鼓励创新与推动经济发展都有积极作用。政府加强知识产权保护执法力度有效促进了企业创新，企业的研发投入和专利申请数量均显著增加（吴超鹏和唐菂，2016）。同时，知识产权司法保护和行政保护的创新和进步，也

① 资料来源：《二〇二三年中国知识产权保护状况》白皮书。

② 截至 2024 年 5 月，全国共有 71 家国家级知识产权保护中心与 42 家快速维权中心。

③ 截至 2023 年底，全国有北京、上海、广州、海南 4 家知识产权法院和 27 家地方法院知识产权法庭。资料来源：《中国法院知识产权司法保护状况（2023 年）》，由最高人民法院知识产权审判庭所编。

为健全中国知识产权治理体系、强化知识产权全链条保护做出了重要贡献（董涛，2022；甄红线等，2023）。知识产权法院设立和知识产权行政保护水平提高促进了高质量创新和企业数字化转型（黎文靖等，2021；甄红线等，2023）。

算法与知识产权在创新性、虚拟性等方面具有相似性，这意味着算法确权与保护在一定程度上可以借鉴知识产权的保护措施。其一，具有创新性和独创性的算法才具有确权和保护需求，因此算法确权需要经过类似于专利申请的流程以证明其独特性，尤其是对于针对特定领域进行微调后的算法，需要专业人员审核是否将其视为不同的算法进行确权，以避免重复保护和权利主体不明确。其二，算法在虚拟性上与知识产权中的著作权相似，均可以视为一种虚拟创作，同时计算机软件作为算法的载体在《中华人民共和国著作权法》中受到了明确保护，因此可以从著作权保护出发，构建算法的确权和保护框架。

相比知识产权，算法具有隐私数据依赖性和开闭源算法差异特征，开源算法更关注如何在共享的同时保护开发者的利益，而闭源算法则更注重防止技术泄露并满足透明度要求。其一，算法对外部数据存在高度依赖性，数据的持续性和质量直接影响算法的更新与完善，而数据权属一直存在诸多争议，同时涉及隐私问题（王德夫，2021）。因此，在对算法进行确权与保护时，还需要对其使用的数据进行权属界定和加密保护，防止数据通过算法泄露。其二，算法确权与保护还需要考虑开源算法和闭源算法的差异，两者在确权和保护需求方面存在不同。开源算法确权复杂性较高，公开的代码和技术方案可能会导致其权利和义务不清晰，进而造成责任性风险（贾开和薛澜，2021）。尽管开源算法的初衷常常是促进共享与协作，但这并不意味着开源团队或作者没有盈利诉求。实际上，许多开源项目的开发者有强烈的商业化意图，希望通过捐赠、赞助、闭源授权等途径实现盈利。然而，受限于团队规模和资源有限，许多开源项目难以有效收取“闭源费”或实现商业变现，导致其保护需求难以得到充分满足。此外，开源算法的开放性也可能增加其被未经授权使用的风险，尤其是在没有强制性执行机制的情况下，难以保障开发者的利益。相比之下，闭源算法的所有权相对明确，因为其源代码和技术细节在交易过程中通常保持封闭状态，开发者或公司可以更好地控制其使用和传播。闭源算法所有权相对明确，但随着人工智能社会对算法可解释性、透明性要求的提高，闭源算法在流通过程中存在更高的泄露风险，特别是在算法作为产品或服务进行交付时，其核心技术可能因逆向工程或恶意破解而被泄露。因此，闭源算法不仅需要传统的知识产权保护措施，还需要更全面的技术手段，以防止非法复制和滥用。

### （二）算法流通与数据要素市场研究

作为数字经济的基石，数据和算法在应用过程中联系密切。数据包含着丰富的信息，是推动产业升级和经济发展的基础生产资料；而算法是发掘数据信息的工具，是连接数据与实际应用场景的桥梁。算法与数据共有的虚拟性使算法市场和数据市场在流通与运行机制等方面面临着相似的问题。已有大量研究关注到数据要素市场的快速发展（熊巧琴和汤珂，2021；龚强等，2022），可为算法流通机制提供研究借鉴。

数据要素市场是数据在交换或流通过程中形成的市场，是推动数据资源有序利用、数据产品价值最大化的有效路径，各国在数据定价、交易机制和确权上纷纷提出条款，推动全球数据交易市场发展。截至2023年，全国共有场内数据交易所（中心）61家①，涵盖数据登记、确权、价值评估、数据安全体系建设等数据交易业务和制度规则的构建。当前，数据要素交易在实践中出现了多种创新做法，主要表现在数据的交易形式和定价方面。第一，在数据交易形式方面，随着隐私计算、区块链等技术的快速发展，“数据可用

① 工业和信息化部网络安全产业发展中心发布的《数据要素市场生态体系研究报告（2023年）》。

不可见”已成为数据要素交易的核心技术模式，通过隐私计算技术，实现数据在加密状态下被用户使用和分析，将“数据所有权交易”转变为“数据使用权交易”（龚强等，2022）。具体而言，对原始数据和隐私数据要进行加密等必要的技术处理动作，在计算环节要通过加密传输进行调用，从技术角度屏蔽了敏感信息和隐私数据，以实现对数据的保护。第二，在数据定价方面，很多数据交易所已经认识到应用场景对于数据交易的重要性，并探索基于应用场景的数据交易模式。例如，上海数据交易所通过培育“数商”生态，服务数据的合规评估、资产评估、质量评估和安全评估等，明确“不合规不挂牌，无场景不交易”的交易原则。欧阳日辉和龚伟（2022）也指出不同应用场景下影响价值的因素不完全相同，数据产品价值也会不同。根据不同场景下的数据度量维度，构建更为全面的数据产品定价模型，对提升数据资源价值、提高资源配置效率有着重要意义。

算法与数据在虚拟性和场景依赖性等方面具有相似性，这意味着算法流通与定价在一定程度上可以借鉴数据市场的机制。第一，算法和数据都具有虚拟性的特点，可复制、可共享和非排他的性质使其能够无限增长和供给，同一数据与算法可以被不同主体同时使用（Jones and Tonetti，2020；蔡继明等，2022；蒋炜等，2022）。因此，在交易形式方面，可以通过隐私计算技术保护算法的关键参数，实现算法在加密状态下被用户运行及调整，将“算法所有权交易”转变为“算法使用权交易”。第二，数据和算法都需要依赖于实际应用场景体现其价值，导致它们的价值具有高度不确定性（龚强等，2022）。在算法市场中，可以根据算法模型的类型与算法应用场景来核算价值。对于通用型算法，可以与开发者协商提供算法订阅服务，使企业以较低的订阅费用获得算法的使用权，从而降低企业参与算法流通交易的门槛。对于定制化算法服务，强调市场机制的有效运作，买卖双方以市场合约的方式进行交易，需求方可以通过竞标、拍卖等方式获取最适合自身需求的算法定制化服务，提高企业算法流通效率。管理机构可以培育“算法服务商”生态，服务算法的合规评估和质量评估，协助根据算法的应用场景实现合理定价，避免算法市场出现价格机制扭曲、市场垄断等问题。

与数据相比，算法具有更强的非标属性和外部依赖性，使算法在流通过程中存在其特殊性。第一，算法的运行效果与输入的数据相关，部分算法在流通过程中需要与数据强绑定。不同于数据集具有相对标准的判断规则，算法的交易流通需要依赖客户提供的数据进行模型训练和调整，使用相同算法处理不同的原始数据，经过分析过滤、提炼整合及脱敏处理后形成的具有交换价值和技术可行性的算法产品可能是完全不同的（李晓珊，2022），这导致算法产品具有更强的非标属性。第二，算法有较强的外部依赖性，算法的运行离不开算力的支持，当前算法的大规模算力需求也成为突破芯片技术“卡脖子”困境的契机。具体而言，算法的效率和性能依赖于硬件设备的能力，如处理器的速度、内存的大小以及网络的稳定性等，复杂的算法通常需要更多算力支持。当前人工智能浪潮与大模型的研发浪潮带来了海量的算力需求，全球算力市场出现供给不足的情况。在此背景下，如何鼓励国内 AI 算法研究者在国产算力设备上从头研发，从而减少对国外设备（如英伟达）的依赖，也成了我国解决芯片“卡脖子”的重要机遇①。因此，当前更需要实现算法和算力的双向发展，在人工智能和半导体领域实现协同进步。

## 四、政策建议

本篇梳理了国内外算法市场建设实践以及我国当前算法市场存在的主要

① 当前的人工智能浪潮不仅推动了算法的发展，还带动了半导体产业的根本性变革。英伟达凭借 GPU 在人工智能算力领域的优势登上行业巅峰。实践中，北京算法登记服务中心与华为昇腾算力中心等机构进行合作，对能移植到国产服务器上的大模型给予大力支持，而且优先支持利用国产算力设备从头开始训练的科研创业团队。未来，国内算法服务机构可以与更多国产服务器厂商建立合作机制，带动国产芯片研发和国产算力基础设施建设。

问题，并将算法确权与知识产权保护、算法流通与数据要素市场建设相对比，提出应该由政府提供规范和完善的算法登记和交易服务，建立完善的算法流通交易市场，并鼓励培育算法服务商队伍，加速算法市场流通，形成“有效市场和有为政府”双驱动发展模式。针对前文提出的“审核备案—供需匹配—应用门槛—跨境监管”，本篇提出如下政策建议：

第一，政府部门提供规范的算法登记服务，细化算法权益保护操作规则。一是牵头组建由算法研究领域专家组成的算法委员会，参照知识产权领域的相关法律法规，对开源和闭源算法分别构建符合算法特性的算法登记标准，从法律制度层面为算法市场的权益与价值划分提供支撑。二是完善算法登记流程，设立算法评估部门，由专业的代码审核人员审核算法的创新性，并进行风险漏洞检测和质量评估，完成算法的规范登记，并针对算法背后的数据隐私问题，联合数据确权部门共同进行确权和保护，保障算法市场的公平和秩序。

第二，建立围绕算法耦合的供需匹配机制，培育算法服务商以提高算法交易活跃度。算法耦合是指利用不同通用算法实现优势互补，精准服务具体需求，可以在一定程度上解决针对通用场景搭建的大模型与企业特定业务场景结合的问题。以数据交易所算法流通交易板块为主导的算法交易场内市场可以通过政策优惠吸引符合资质的个人、机构和企业组建算法服务商队伍，并与算力平台和数据交易所建立深度合作，将现有通用型算法汇集起来，为算法耦合提供统一展示、测试和优化的平台，实现通用型算法供应向专用型算法需求的转化，以市场化的形式实现更优的供需匹配机制。

第三，鼓励市场积极探索算法流通交易机制，包括推动社区建设和声誉体系，鼓励采用无代码设计以及整合并提供算力资源，降低算法使用门槛。借鉴国外算法市场经验，可以鼓励交易平台根据算法的市场热度、客户评价、质量、价格等指标，为用户建立个性化的算法推荐系统，也为开发者建立声誉系统和用户评价机制，增强算法选择的透明度和可靠性。此外，算法市场可以参考国外算法市场的无代码设计，吸引更多非技术背景的用户使用算法，让算法使用更加便捷和普及。与此同时，算法市场建设也可以与全国统一算力服务大市场建设相结合，通过推动公共算力标准化互联互通，提升算力利用效率，降低中小企业用算成本。

第四，推动算法加密技术应用与算法数据源审查，探索建设算法跨境流动体系。算法的跨境监管对算法加密提出了更高要求，目前包括算法数据化和算法加密两条路线，算法数据化是将体现算法价值的部分关键参数作为数据，为其添加水印与指纹进行保护和监控；算法加密则需要开发加密技术使算法能在不被揭露的情况下完成计算（蒋炜等，2022）。我国建立算法市场应当积极应用与推动相关加密技术，确保算法流通过程当中不会出现技术泄露以及数据隐私泄露。此外，针对算法等数字资产的跨境监管与跨境流通，我国需要明确或设立数据跨境流动监管执法部门，建立跨部门协同机制，尝试建立“数据特区”，解决数据跨境过程当中不同市场的数据规范、法律要求的对接问题，积极探索高效、便利、安全的跨境流通。

# 参考文献


［1］ Acemoglu D，Makhdoumi A，Malekian A，et al. Too Much Data：Prices and Inefficiencies in Data Markets ［J］. American Economic Journal：Microeconomics，2022，14 （4）：218−256.

［2］ Acquisti A，Taylor C，Wagman L. The Economics of Privacy ［J］. Journal of Economic Literature，2016，54 （2）：442−492.

［3］ Aiello B，Ishai Y，Reingold O. Priced Oblivious Transfer：How to Sell Digital Goods ［C］ //International Conference on the Theory and Applications of Cryptographic Techniques. Berlin，Heidelberg：Springer Berlin Heidelberg，2001：119−135.

［4］ An D，Yang Q，Yu W，et al. Towards Truthful Auction for Big Data Trading ［C］ //2017 IEEE 36th International Performance Computing and Communications Conference （IPCCC）. Piscataway，NJ，USA：IEEE，2017：1−7.

［5］ Beraja M，Yang D Y，Yuchtman N. Data−intensive Innovation and the State：Evidence from AI Firms in China ［J］. The Review of Economic Studies，2022.

［6］ Brynjolfsson E，Hitt L. Paradox Lost? Firm−level Evidence on the Returns to Information Systems Spending ［J］. Management Science，1996，42 （4）：541−558.

［7］ Bu J，Simchi−Levi D，Xu Y. Online Pricing with Offline Data：Phase

Transition and Inverse Square Law [J]. Management Science, 2022, 68 (12): 8515-9218.

[8] Cao X, Chen Y, Liu K J R. Data Trading with Multiple Owners, Collectors, and Users: An Iterative Auction Mechanism [J]. IEEE Transactions on Signal and Information Processing over Networks, 2017, 3 (2): 268-281.

[9] Chen L, Koutris P, Kumar A. Towards Model-based Pricing for Machine Learning in a Data Marketplace [C]. Proceedings of the 2019 International Conference on Management of Data, 2019: 1535-1552.

[10] Dao D, Alistarh D, Musat C, et al. Databright: Towards a Global Exchange for Decentralized Data Ownership and Trusted Computation [J/OL]. arXiv preprint arXiv: 1802.04780, 2018.

[11] Duan J, Tian L, Mao J, et al. Optimal Social Welfare: A Many-to-many Data Transaction Mechanism Based on Double Auctions [J]. Digital Communications and Networks, 2023, 9 (5): 1230-1241.

[12] Duguay R, Rauter T, Samuels D. The Impact of Open Data Won Public Procurement [J]. Journal of Accounting Research, 2023, 61 (4): 1159-1224.

[13] Easley D, Huang S, Yang L, et al. The Economics of Data [R]. SSRN, 2018.

[14] Feng Z, Yu S, Zhu Y. Towards Personalized Privacy Preference Aware Data Trading: A Contract Theory Based Approach [J]. Computer Networks, 2023, 224: 109637.

[15] Ferreira F, Waldfogel J. Pop Internationalism: Has Half a Century of World Music Trade Displaced Local Culture? [J]. The Economic Journal, 2013, 123 (569): 634-664.

[16] Fleischer L K, Lyu Y H. Approximately Optimal Auctions for Selling

Privacy When Costs are Correlated with Data [C] //Proceedings of the 13th ACM Conference on Electronic Commerce. New York: Association for Computing Machinery, 2012: 568-585.

[17] Friedman T L. The World is Flat: A Brief History of the Twenty-first Century [M]. New York: Farrar, Straus, and Girous, 2005.

[18] Fudenberg D, Villas-Boas J M. Price Discrimination in the Digital Economy [M] //Waldfogel J, Peitz M. The Handbook of the Digital Economy. New York: Oxford University Press, 2012: 254.

[19] Gandal N. Native Language and Internet Usage [J]. International Journal of the Sociology of Language, 2006, 182: 25-40.

[20] Gandy O H. Engaging Rational Discrimination: Exploring Reasons for Placing Regulatory Constraints on Decision Support Systems [J]. Ethics and Information Technology, 2010 (12): 29-42.

[21] Ghasemaghaei M, Calic G. Does Big Data Enhance Firm Innovation Competency? The Mediating Role of Data-Driven Insights [J]. Journal of Business Research, 2019, 104: 69-84.

[22] Ghosh A, Ligett K, Roth A, et al. Buying Private Data without Verification [C] //Proceedings of the Fifteenth ACM Conference on Economics and Computation. New York: Association for Computing Machinery, 2014: 931-948.

[23] Goldfarb A, Que V F. The Economics of Digital Privacy [J]. Annual Review of Economics, 2023, 15: 267-286.

[24] Gorwa R, Veale M. Moderating Model Marketplaces: Platform Governance Puzzles for AI Intermediaries [J]. Law, Innovation and Technology, 2024, 16 (2): 1-51.

[25] Harmon R, Demirkan H, Hefley B, et al. Pricing Strategies for Information Technology Services: A Value-based Approach [C] //2009 42nd Hawaii

International Conference on System Sciences. Piscataway, NJ, USA: IEEE, 2009: 1-10.

[26] He X, Kang J, Ren S, et al. Stay Ahead: Active Data Management and Market Power [R]. SSRN, 2023.

[27] Hu Y, Guan X, Hu B, et al. Distributed Feature Delection Considering Data Pricing Based on Edge Computing in Electricity Spot Markets [J]. IEEE Internet of Things Journal, 2021, 10 (3): 2231-2244.

[28] Huang S, Xiong Y, Yang L. Skill Acquisition and Data Sales [J]. Management Science, 2022, 68 (8): 6116-6144.

[29] Hynes N, Dao D, Yan D, et al. A Demonstration of Sterling: A Privacy-preserving Data Marketplace [J]. Proceedings of the VLDB Endowment, 2018, 11 (12): 2086-2089.

[30] Jiang X, Niu C, Ying C, et al. Pricing GAN-based Data Generators under Rényi Differential Privacy [J]. Information Sciences, 2022, 602: 57-74.

[31] Jiao Y, Wang P, Niyato D, et al. Profit Maximization Auction and Data Management in Big Data Markets [C] //2017 IEEE Wireless Communications and Networking Conference (WCNC). IEEE, 2017: 1-6.

[32] Jones C I, Tonetti C. Nonrivalry and the Economics of Data [J]. American Economic Review, 2020, 110 (9): 2819-2858.

[33] Jordan M I. Artificial Intelligence—The Revolution Hasn't Happened Yet [J]. Harvard Data Science Review, 2019, 1 (1): 1-9.

[34] Kelly K. The Inevitable: Understanding the 12 Technological Forces That Will Shape Our Future [M]. London: Penguin Books, 2017.

[35] Koutris P, Upadhyaya P, Balazinska M, et al. Query-based Data Pricing [J]. Journal of the ACM (JACM), 2015, 62 (5): 1-44.

[36] Kumar A, Finley B, Braud T, et al. Sketching an AI Marketplace:

Tech, Economic, and Regulatory Aspects [J]. IEEE Access, 2021 (9): 13761-13774.

[37] Laney D. 3-D Data Management: Controlling Data Volume, Velocity, and Variety [R]. META Group Research Note, 2001.

[38] Liang F, Yu W, An D, et al. A Survey on Big Data Market: Pricing, Trading and Protection [J]. IEEE Access, 2018 (6): 15132-15154.

[39] Liu K, Qiu X, Chen W, et al. Optimal Pricing Mechanism for Data Market in Blockchain-enhanced Internet of Things [J]. IEEE Internet of Things Journal, 2019, 6 (6): 9748-9761.

[40] Luong N C, Hoang D T, Wang P, et al. Data Collection and Wireless Communication in Internet of Things (IoT) Using Economic Analysis and Pricing Models: A Survey [J]. IEEE Communications Surveys & Tutorials, 2016, 18 (4): 2546-2590.

[41] Mao Y, Cheng T, Zhao H, et al. A Strategic Bargaining Game for a Spectrum Sharing Scheme in Cognitive Radio-based Heterogeneous Wireless Sensor Networks [J]. Sensors, 2017, 17 (12): 2737.

[42] Milgrom P, Segal I. Envelope Theorems for Arbitrary Choice Sets [J]. Econometrica, 2002, 70: 583-601.

[43] Muschalle A, Stahl F, Löser A, et al. Pricing Approaches for Data Markets [C] //Enabling Real-Time Business Intelligence: 6th International Workshop, BIRTE 2012, Held at the 38th International Conference on Very Large Databases, VLDB 2012, Istanbul, Turkey, August 27, 2012, Revised Selected Papers 6. Berlin, Heidelberg: Springer Berlin Heidelberg, 2013: 129-144.

[44] Myerson R B. Optimal Auction Design [J]. Mathematics of Operations Research, 1981, 6 (1): 58-73.

[45] Nagaraj A. The Private Impact of Public Data: Landsat Satellite Maps

Increased Gold Discoveries and Encouraged Entry [J]. Management Science, 2022, 68 (1): 564-582.

[46] Nissim K, Vadhan S, Xiao D. Redrawing the Boundaries on Purchasing Data from Privacy-sensitive Individuals [C] //Proceedings of the 5th Conference on Innovations in Theoretical Computer Science, 2014: 411-422.

[47] Niu C, Zheng Z, Wu F, et al. Online Pricing with Reserve Price Constraint for Personal Data Markets [J]. IEEE Transactions on Knowledge and Data Engineering, 2020, 34 (4): 1928-1943.

[48] Niu C, Zheng Z, Wu F, et al. Unlocking the Value of Privacy: Trading Aggregate Statistics over Private Correlated Data [C] //Proceedings of the 24th ACM SIGKDD International Conference on Knowledge Discovery & Data Mining, 2018: 2031-2040.

[49] Nizamis A, Schlake G, Siachamis G, et al. Designing a Marketplace to Exchange AI Models for Industry 5.0 [R]. Artificial Intelligence in Manufacturing: Enabling Intelligent, Flexible and Cost-Effective Production Through AI. Cham: Springer Nature Switzerland, 2023: 27-41.

[50] Odlyzko A. Privacy, Economics, and Price Ciscrimination on the Internet [C] //Proceedings of the 5th International Conference on Electronic Commerce. New York: Association for Computing Machinery, 2003: 355-366.

[51] Ouyang L, Yuan Y, Wang F Y. Learning Markets: An AI Collaboration Framework Based on Blockchain and Smart Contracts [J]. IEEE Internet of Things Journal, 2020, 9 (16): 14273-14286.

[52] Peyvandi A, Majidi B, Peyvandi S, et al. Privacy-preserving Federated Learning for Scalable and High Data Quality Computational-intelligence-as-a-service in Society 5.0 [J]. Multimedia Tools and Applications, 2022, 81 (18): 25029-25050.

[53] Sarpatwar K, Sitaramagiridharganesh V, Shanmugam K, et al. Blockchain Enabled AI Marketplace: The Price You Pay for Trust [R]. Proceedings of the IEEE/CVF Conference on Computer Vision and Pattern Recognition Workshops, 2019 (1): 10.

[54] Somy N B, Kannan K, Arya V, et al. Ownership Preserving AI Marketplaces Using Blockchain [J]. 2019 IEEE International Conference on Blockchain (Blockchain), IEEE, 2019: 156-165.

[55] Vives X. Duopoly Information Equilibrium: Cournot and Bertrand [J]. Journal of Economic Theory, 1984, 34 (1): 71-94.

[56] Wang B, Guo Q, Yang T, et al. Data Valuation for Decision-making with Uncertainty in Energy Transactions: A Case of the Two-settlement Market System [J]. Applied Energy, 2021, 288: 116643.

[57] Wang R Y, Strong D M. Beyond Accuracy: What Data Quality Means to Data Consumers [J]. Journal of Management Information Systems, 1996, 12 (4): 5-33.

[58] Williams H L. Intellectual Property Rights and Innovation: Evidence from the Human Genome [J]. Journal of Political Economy, 2013, 121 (1): 1-27.

[59] Wu M, Jia R, Lin C, et al. Variance Reduced Shapley Value Estimation for Trustworthy Data Valuation [J]. Computers & Operations Research, 2023, 159: 106305.

[60] Xiong W, Xiong L. Anti-collusion Data Auction Mechanism Based on Smart Contract [J]. Information Sciences, 2021, 555: 386-409.

[61] Yang J, Zhao C, Xing C. Big Data Market Optimization Pricing Model Based on Data Quality [J]. Complexity, 2019 (1): 1-10.

[62] Yang M, Feng H, Wang X, et al. Data Pricing with Privacy Loss

Compensation for Cyber-physical Systems: A Stackelberg Game Based Approach [J]. Internet Technology Letters, 2024, 7 (3): e443.

[63] Yu H, Zhang M. Data Pricing Strategy Based on Data Quality [J]. Computers & Industrial Engineering, 2017, 112: 1-10.

[64] Yu H, Zheng S, Wu H. User Privacy Awareness, Incentive and Data Supply Chain Pricing Strategy [J]. Sustainability, 2023, 15 (4): 3362.

[65] Yu H, Zhang M. Data Pricing Strategy Based on Data Quality [J]. Computers & Industrial Engineering, 2017, 112: 1-10.

[66] 蔡继明，刘媛，高宏，等．数据要素参与价值创造的途径——基于广义价值论的一般均衡分析［J］．管理世界，2022，38（7）：108-121.

[67] 蔡跃洲，马文君．数据要素对高质量发展影响与数据流动制约［J］．数量经济技术经济研究，2021，38（3）：64-83.

[68] 常江，张震．论公共数据授权运营的特点、性质及法律规制［J］．法治研究，2022（2）：126-135.

[69] 陈宏民，熊红林，胥莉，等．基于平台视角下的数据交易模式及特点分析［J］．大数据，2023，9（2）：56-66.

[70] 丁晓东．数据公平利用的法理反思与制度重构［J］．法学研究，2023，45（2）：21-36.

[71] 董涛．知识产权数据治理研究［J］．管理世界，2022，38（4）：109-125.

[72] 方锦程，刘颖，高昊宇，等．公共数据开放能否促进区域协调发展？——来自政府数据平台上线的准自然实验［J］．管理世界，2023，39（9）：124-142.

[73] 复旦大学数字与移动治理实验室．2023 中国地方公共数据开放利用报告——城市（2023 年度）［R/OL］．（2023-11-01）［2025-04-16］．http：//ifopendata. fudan. edu. cn/report.

［74］龚强，班铭媛，刘冲．数据交易之悖论与突破：不完全契约视角［J］．经济研究，2022，57（7）：172-188.

［75］胡业飞．政府数据开放：基于大数据的合作治理创新［M］．上海：复旦大学出版社，2022.

［76］华劼．区块链技术与智能合约在知识产权确权和交易中的运用及其法律规制［J］．知识产权，2018（2）：13-19.

［77］黄倩倩，王建冬，陈东，等．超大规模数据要素市场体系下数据价格生成机制研究［J］．电子政务，2022（2）：21-30.

［78］贾开，薛澜．第四次工业革命与算法治理的新挑战［J］．清华管理评论，2021（4）：68-73.

［79］蒋炜，王鸿鹭，郑志强，等．基于区块链技术的数据—算法—场景价值链研究展望［J］．安泰行业评论，2022（1）：1-12.

［80］靳雨露，肖尤丹．算法的知识产权保护路径选择［J］．中国科学院院刊，2022，37（10）：1511-1519.

［81］黎文靖，彭远怀，谭有超．知识产权司法保护与企业创新——兼论中国企业创新结构的变迁［J］．经济研究，2021，56（5）：144-161.

［82］李晓楠．数字经济背景下公共数据开放安全治理［J］．济南大学学报（社会科学版），2024，34（2）：75-85.

［83］李晓珊．数据产品的界定和法律保护［J］．法学论坛，2022，37（3）：122-131.

［84］李重照，黄璜．英国政府数据治理的政策与治理结构［J］．电子政务，2019（1）：20-31.

［85］梁秀波，吴俊涵，赵昱，等．区块链数据安全管理和隐私保护技术研究综述［J］．浙江大学学报（工学版），2022，56（1）：1-15.

［86］刘阳阳．公共数据授权运营：生成逻辑、实践图景与规范路径［J］．电子政务，2022（10）：33-46.

［87］陆志鹏．公共数据授权运营机制探索［J］．网络安全与数据治理，2022，41（7）：30-35.

［88］马艳，陈尧．“算法革命”的政治经济学分析［J］．学术月刊，2023，55（6）：66-74.

［89］孟小峰，慈祥．大数据管理：概念、技术与挑战［J］．计算机研究与发展，2013，50（1）：146-169.

［90］欧阳日辉，龚伟．基于价值和市场评价贡献的数据要素定价机制［J］．改革，2022（3）：39-54.

［91］彭远怀．政府数据开放的价值创造作用：企业全要素生产率视角［J］．数量经济技术经济研究，2023，40（9）：50-70.

［92］孙方江．反垄断视角下数据要素市场治理体系的构建［J］．西南金融，2021（9）：75-85.

［93］唐方成，郭欢，程立燕．考虑交叉网络外部性下平台竞争的定价策略研究［J］．中国管理科学，2024，32（6）：219-228.

［94］王德夫．论人工智能算法的知识产权保护［J］．知识产权，2021（11）：50-70.

［95］王芳，陈锋．国家治理进程中的政府大数据开放利用研究［J］．中国行政管理，2015（11）：6-12.

［96］王璟璇，窦悦，黄倩倩，等．全国一体化大数据中心引领下超大规模数据要素市场的体系架构与推进路径［J］．电子政务，2021（6）：20-28.

［97］王庆德，乔夫．数据要素交易市场建设的制度创新与实践［J］．价格理论与实践，2023（7）：65-69.

［98］王晓冬．我国公共数据开放面临的问题及对策［J］．中国经贸导刊，2021（10）：78-79.

［99］吴超鹏，唐菂．知识产权保护执法力度、技术创新与企业绩

效——来自中国上市公司的证据［J］. 经济研究，2016，51（11）：125-139.

［100］谢波峰，朱扬勇. 数据财政框架和实现路径探索［J］. 财政研究，2020（7）：14-23.

［101］谢佶珍. 数据合规及数据安全治理框架解析［J］. 网络安全和信息化，2022（12）：103-105.

［102］熊巧琴，汤珂. 数据要素的界权、交易和定价研究进展［J］. 经济学动态，2021（2）：143-158.

［103］徐偲骕，李欢，陆伊琳. 地方公共数据治理——重点任务、机制创新与未来挑战［J］. 智能社会研究，2023，2（2）：106-129.

［104］徐翔，赵墨非. 数据资本与经济增长路径［J］. 经济研究，2020（10）：38-54.

［105］闫建，高华丽. 发达国家大数据发展战略的启示［J］. 理论探索，2015（1）：91-94.

［106］颜佳华，曾玉芝. 公共数据授权运营的风险研判及应对策略［J］. 中国行政管理，2023，39（9）：155-157.

［107］杨俊，李小明，黄守军. 大数据、技术进步与经济增长——大数据作为生产要素的一个内生增长理论［J］. 经济研究，2022，57（4）：103-119.

［108］杨善奇，刘岩. 智能算法控制下的劳动过程研究［J］. 经济学家，2021（12）：31-40.

［109］张吉豫. 论算法备案制度［J］. 东方法学，2023（2）：86-98.

［110］甄红线，王玺，方红星. 知识产权行政保护与企业数字化转型［J］. 经济研究，2023，58（11）：62-79.

［111］郑大庆，黄丽华，郭梦珂，等. 公共数据资源治理体系的演化模型：基于整体性治理的建构［J］. 电子政务，2022（5）：79-92.

［112］周秀娟，王亚．公共数据授权运营的范式考察与完善路径［J］．电子科技大学学报（社科版），2023，25（3）：8-15.

［113］朱军．数据安全治理背景下数据安全审查制度的定位、功能与实践［J］．西部法学评论，2022（6）：12-22.